다시, 예수생각

다시, 예수생각

초판 1쇄 발행 2025. 12. 03.

지은이   이창용
펴낸이   방주석
펴낸곳   베드로서원
주 소   10252 경기도 고양시 일산동구 고봉로 776-92
전 화   031-976-8970
팩 스   031-976-8971
이메일   peterhouse@daum.net
등 록   2010년 1월 18일
창립일   1988년 6월 3일
ISBN   979-11-91921-41-0 03230

책값은 뒤표지에 있습니다.

> 베드로서원은 문서라는 도구로 한국교회가 복음의 본질을 회복하고 마을 목회와 선교적 교회로 나아가는 데 기여하고자 최선을 다합니다.
> ◆
> 나의 힘이신 여호와여 내가 주를 사랑하나이다(시 18:1)

다시, 예수생각

이창용 지음

서문

다시, 예수를 생각하는 삶으로의 초대

"날 좀 추앙해 주세요."

드라마 〈나의 해방일지〉 속 인물이 던진 이 말은 한동안 내 마음 깊은 곳을 울렸다.

그 말속엔 단순한 사랑의 갈망이 아니라, 존재로서의 절절한 외침이 담겨 있었다.

나는 그 장면을 보며 스스로 물었다.

"나는 지금 누구에게 사랑받고 싶고, 무엇으로 나를 증명하려 하는가?"

모두 사랑을 갈망하며 살아간다.

어릴 적엔 부모의 미소면 충분했다. 조금씩 성장할수록 친구들과의 관계, 직장에서 성과와 지위, 교회에서 신실하다는 평가와 인정을 통해 사랑받으려 했다. 아무리 사랑받고 싶어 애써도, 어딘가에선 늘 부족하고 초라하다.

그럴 때마다 나는 다시 예수님을 생각하게 된다. 예수님은 그냥 종교적 인물이 아니다. 그분은 내가 끝없이 물었던 질문,

"나는 왜 이토록 사랑받고 싶을까?"

"정말 나를 있는 그대로 품어줄 사랑이 있을까?"

그 갈망의 가장 깊은 곳에서 나를 만나주신 분이다.

이 책은 그런 예수님을 다시 생각하기 위해 시작되었다.

생각한다는 건 그저 머리로 떠올리는 것이 아니다. 삶의 자리에 조용히 그분을 초대하고, 내 상처와 질문, 실패와 눈물 속에 그분을 바라보는 일이다. 나는 예수님의 성품을 생각하면서 내 마음이 변화되는 것을 느꼈다. 예수님의 삶을 따라가면서 내가 사랑할 수 있는 용기를 배웠다. 예수님의 약속을 묵상하면서 포기하지 않고 살아갈 이유를 찾았다. 그분을 생각하는 일은 매일 반복되는 일상에서 내 존재의 중심을 다시 회복하는 가장 단순하면서도 강력한 힘이 되었다.

처음부터 예수님이 내 삶의 중심이었던 것은 아니다. 나도 누군가처럼 무언가를 붙잡고 살아야 한다는 막연한 불안 속에서 버티며 살았다. 인정받고 싶었고, 사랑받고 싶었고, 쓰임 받고 싶었다. 세상이 말하는 성공과 의미와 행복의 기준에 따라 열심히 살아왔다. 그런데 어느 날 문득, 모든 것이 있는데도 마음이 허전함을 느꼈다. 기도는 하고 있었지만 기쁨이 없었다. 말씀에서 길을 찾으려 했지만, 방향을 찾을 수 없었다. 그렇게 질문이 시작되었다.

"나는 정말 예수님을 믿고 있는가?"

"그분을 생각하며 사는 것이 내게 어떤 의미인가?"

그 질문을 통해 다시 예수님을 만났다. 나처럼 외롭고, 나처럼 고단한 삶을 사셨고, 내가 도저히 이겨낼 수 없었던 감정과 현실 앞에서도 조용히 그 길을 걸어가신 분이다. 예수님을 생각한다는 것은 신학적 지식을 떠올리는 일이 아니다. 내 삶의 자리에서 나의 가장 깊은 질문과 마주하는 일이다.

예수님의 성품을 생각하면 사랑이 무엇인지 다시 묻게 된다. 겸손, 인내, 순종, 공감-이 모든 것은 성경 속에 머무는 단어가 아니라 예수님이 내게 실제로 보여주신 삶의 모습이었다. 끝까지 사랑하신 예수님을 떠올릴 때면 내 안에 멈춰 있던 내면세계가 다시 움직이기 시작했다. 내가 포기했던 관계, 외면했던 내 상처, 사랑하기를 두려워했던 순간들이 조금씩 열리기 시작했다. 그분의 사랑을 생각하자 다시 시작할 용기가 생겼다.

예수 생각은 나를 실천의 자리로 이끌었다. 누군가를 품고 싶어지고, 먼저 다가가고 싶어지고, 내 삶을 조금 더 부드럽고 깊이 있게 살아가고 싶은 마음이 생겼다. 예수님을 생각하면 내 언어가 달라지고, 사람을 대하는 태도가 달라졌다. 예수님은 말씀만 하신 분이 아니라, 사랑을 살고 증명하신 분이기 때문이다. 그분의 성품과 그분의 행동, 그분의 약속과 그분의 침묵까지도 내 삶에 울림이 되었다.

나는 예수님을 생각하는 삶이 진짜 믿음이라는 것을 더 구체적으로 알아가고 있다. 무엇을 얻고, 무엇을 이루는 것보다 중요하다는 것을. 누군가에게 잘 보이기 위한 인생이 아니라, 한 사람의 영혼을 진심으로 사랑하며 살아가는 삶이란 것을.

혹시 예수님이 너무 멀게 느껴지진 않는가? 아니면 너무 익숙해서 놓치고 있진 않은가? 예수님을 다시 생각하는 일, 그 단순하고도 깊은 일에 이 글이 함께하면 좋겠다.

우리는 각자의 자리에서 살아내어야 한다. 직장에서, 가정에서, 인간관계 속에서, 또 스스로와의 끊임없는 싸움 안에서. 그 모든 복잡한 순간마다 예수님의 마음이 스며든다면 조금 더 의미 있고 당당하게 하루를 살아낼 수 있을 것이다.

이 책은 예수님을 함께 따라가는 길 위에서 나의 마음과 생각을 나눈 묵상 글이다. 때론 흔들리고, 때론 멈추고, 때론 엎드리는 이들에게 예수님을 생각하는 일이 가장 큰 힘이 되어주길 바란다. 예수 생각이 당신의 마음 깊은 곳까지 닿기를 진심으로 소망한다.

예수님을 함께 생각하는 이 여정에 당신을 초대한다. 눈에 보이지 않아도, 곁에 계신 그분을 느끼며 오늘도 우리는 함께 걸어갈 수 있기를 바란다. 예수님을 생각하는 삶, 그것이 바로 오늘을 새롭게 시작하는 가장 따뜻한 방법이다.

목차

서문   4

1부 예수님의 성품을 생각하다.   11

1. 사랑하신 예수 생각   15
2. 겸손하신 예수 생각   33
3. 인내하신 예수 생각   53
4. 순종하신 예수 생각   71
5. 공감하신 예수 생각   90

2부 예수님이 하신 일을 생각하다.   107

6. 가르치신 예수 생각   111
7. 치유하신 예수 생각   129
8. 용서하신 예수생각   146
9. 섬기신 예수 생각   160
10. 십자가에 죽으신 예수 생각   175

3부 예수님의 약속을 생각하다. 189

11. 평안을 약속하신 예수 생각 193
12. 영생을 약속하신 예수 생각 210
13. 승리를 약속하신 예수 생각 224
14. 성령을 약속하신 예수 생각 238
15. 다시 오실 것을 약속하신 예수 생각 256

에필로그 271

1부 예수님의 성품을 생각하다.

매일 수많은 얼굴을 마주하며 살아간다. 기쁜 얼굴, 지친 얼굴, 무표정한 얼굴, 때로는 나조차 낯설게 느껴지는 내 얼굴까지. 그런데 마음 한편엔 이런 갈망이 떠나질 않는다.

"나는 어떤 사람이 되고 싶은가?"

"나는 무엇을 닮아가고 있는가?"

삶은 끊임없이 나를 어떤 사람으로 이끌고 간다. 비교와 경쟁, 인정 욕구와 불안 속에서 어느새 자꾸만 뾰족해지고, 흔들리고, 메말라간다. 어느 날 문득, 그런 나를 멈추게 하는 분의 얼굴이 떠올랐다. 바로 예수님이다.

예수님은 단지 위대한 교사나 고결한 인물이 아니다. '어떤 사람이 되어야 하는가'를 우리에게 몸으로 보여주신 분이다. 그분의 겸손은 말보다 삶으로 증명되었다. 그분의 사랑은 어떤 조건도 묻지 않았다. 그분의 인내는 눈물이었고, 순종은 고요한 결단이었다. 그 예수님의 성품을 떠올릴 때마다 뾰족해지고 메말랐던 내 마음이 조금씩 부드러워짐을 느낀다.

'예수님의 마음을 품으라'라고 말한 사도 바울의 권면처럼, 나는 오늘도 예수님의 마음을 생각하려 한다. 그분처럼 사랑하고, 그분처럼 낮아지고, 그분처럼 오래 참으며, 그분처럼 공감할 수 있는 사람으로 살고 싶다.

1부는 예수님의 성품을 묵상하며 내 안에 일어난 조용한 변화의 기록이다. 내가 얼마나 부족한지 드러나는 시간이기도 하고, 예수님의 넉넉한 마음 안에서 다시 살아나는 시간이기도 하다. 사랑하신 예수님을, 겸손하신 예수님을, 인내하시고 공감하신 예수님을 하나씩 떠올려본다. 그분의 마음이, 오늘 나의 마음이 되기를 바라며.

1. 사랑하신 예수 생각

요한복음 15:9-13

9) 아버지께서 나를 사랑하신 것같이 나도 너희를 사랑하였으니 나의 사랑 안에 거하라 10) 내가 아버지의 계명을 지켜 그의 사랑 안에 거하는 것 같이 너희도 내 계명을 지키면 내 사랑 안에 거하리라 11) 내가 이것을 너희에게 이름은 내 기쁨이 너희 안에 있어 너희 기쁨을 충만하게 하려 함이라 12) 내 계명은 곧 내가 너희를 사랑한 것 같이 너희도 서로 사랑하라 하는 이것이니라 13) 사람이 친구를 위하여 자기 목숨을 버리면 이보다 더 큰 사랑이 없나니

사랑을 찾아 헤매는 마음

매일 보는 거울이지만, 오늘은 평소와 다른 생각으로 거울 앞에 선다. 나는 사랑받고 있는가. 정말 특별한 존재일까. 그렇게 묻다가 슬며시 고개를 떨군다. 세상은 수많은 사랑을 이야기한다. 온갖 노래, 드라마, 책, 심지어 광고까지 '사랑'을 팔고, 사람들은 자신만의 방식으로 사랑을 찾아 헤맨다.

어릴 적엔 부모의 품이 전부였다. 커가면서 친구와의 우정, 연인과의 만남, 누군가의 관심, 인정, 칭찬, 이런 것들이 사랑이라고 생각하

고 목이 말랐다. 더 많이 받고 싶고, 더 크게 느끼고 싶고, '너는 특별하다'라는 말을 듣고 싶었다.

사랑받는다는 말은 언제나 내 마음을 흔든다. 기대가 무너지면 그토록 소중했던 사람과의 사이도 금세 어색해진다. 누군가를 사랑한다는 마음조차 때론 내 상처와 집착과 욕심을 따라간다.

살면서 두려운 순간 중 하나는 내가 사랑받지 못한다고 느낄 때다. 누구의 관심도 닿지 않는 작은 점이 되어버린 것 같은 그런 시간 말이다. 사랑받기 위해 더 노력하고 애쓰다 지쳐 결국 멈출 수밖에 없다.

누군가는 '모성애가 사랑의 원형이다.'라고 한다. 다른 이는 '진짜 사랑은 희생이다'라고 한다. 모두 고개가 끄덕여지는 말이다. 하지만 내 안에는 늘 아쉬움이 남는다. 정말 그런 사랑이 내 삶에도 가능할까. 나는 그런 사랑을 누군가에게 줄 수 있을까. 내가 그런 사랑을 받고 있기는 한 걸까.

때로는 세상의 기준을 따라 남과 비교하면서 나 자신을 가치 없는 존재로 여긴 적도 있다. 노력해도 끝없이 부족함을 느끼고 실패할 때면 더욱 그렇다. 그때마다 '나를 있는 그대로 받아줄 수 있는 사랑'이 있다면 얼마나 좋을까 생각했다. 누군가가 나를 추앙해 주길 바라는 마음 말이다. 무너진 자존감을 붙들고 싶었던 지난 시간의 밑바닥에는 '사랑받고 싶다'라는 간절한 갈망이 있었다. 부모님의 사랑이 부족했던 것은 아니었다. 그 사랑과는 다른 사랑을 찾아다녔다. 그것이 우정인 줄 생각하고 친구를 찾아다녔다. 이성 간의 사랑인가 해서 남들처럼 연애하고 싶었었다. 대학 시절 나를 좋아해 줄 사람을 그렇게 찾아다녔다. 사랑을 찾아 방황하는 모습은 나만의 이야기는 아닐 것이다. 사람은 사랑의 원형, 완전한 사랑을 꿈꾼다. 그래서 끝없이 질문한다.

'진짜 사랑은 어디에 있을까?'

누군가는 가족 안에서, 누군가는 친구나 연인에게서, 또 누군가는 신앙과 종교 안에서 그 답을 찾으려 한다. 나 역시 신앙의 자리에서 예수님을 바라보며 그 질문을 한다.

'예수님의 사랑은 내가 찾던 사랑과 어떤 점이 다를까? 그 사랑을 경험하면, 내 마음은 정말 변할 수 있을까?'

사랑을 찾아 헤매던 내 마음이 이제는 예수님의 사랑을 향하기 시작한다. 예수님을 생각하며, 사랑의 본질을 다시 묻는다.

사랑의 기억, 불안한 갈망

처음 '사랑'이라는 단어를 의식적으로 느꼈던 것은 유치원 시절이었을 것이다. 엄마 품에 안겨 있는 시간이 세상의 전부였던 그 시절 말이다. 그때 사랑은 아주 단순했다. 엄마의 미소, 아버지의 손길, 동생과 싸우고 울다가도 다시 안아주는 손이면 충분했다.

자라면서 사랑의 모양은 점점 복잡해졌다. 초등학교 시절 친구들이 내 편이 되어줄 때 느꼈던 따뜻함, 첫 사춘기 시절 누군가에게 설레었던 감정, 좋아하는 선생님에게 칭찬받고 싶어서 썼던 일기장. 사랑은 늘 내가 '받고 싶은 것'이었다.

나이가 들수록 '사랑'은 멀어졌다. 좋아한다는 말을 건네기조차 어색해졌다. 대학 시절 동아리에서 만난 친구들과 서로를 진심으로 아껴주던 시간도 있었다. 하지만 질투와 비교, 작은 오해로 무너질 때도 많았다. 사랑이란 것이 왜 이렇게 쉽게 상처로 번지는지 사랑할수록 왜 내 마음이 불안한지 알 수 없었다.

드라마 "나의 해방일지"를 보았다. 염미정이 던진 한마디가 오래도록 내 마음에 남아 있다.

"날 추앙해 주세요."

세상 속 작은 존재로 버티는 게 버거웠던 한 사람의 사랑받고 싶다는 진심 어린 외침이다. 그 장면을 보며 마음 깊은 곳에 있던 내 갈망을 발견했다. 인정받고 싶고, 특별해지고 싶고, '존재' 자체로 사랑받고 싶다는 마음 말이다. 나만 그런 것일까? 아니다. 사람들은 사랑의 원형, 사랑의 진짜 모양을 찾으려 애쓴다. 변하지 않는 헌신, 아무 조건 없는 희생. 그런 사랑을 말이다.

누군가를 사랑한다는 마음 중심에는 '나'가 있다. 내가 원하는 만큼의 관심, 내가 기대하는 만큼의 표현, 내가 만족할 만한 이해가 자리하고 있다. 사랑이 주는 기쁨보다 사랑이 충족되지 않을 때의 아픔이 더 선명하다. 사랑은 언제나 '받는 것'이어야 하고, 내가 원하는 방식대로 받아야만 진짜 사랑이라고 생각한다.

때로는 내 사랑이 부족하다고 느끼기도 한다. 내가 더 잘해주지 못해서, 좀 더 이해하지 못해서, 더 참지 못해서 사랑이 깨진다. 사랑하면서도 자주 불안하고, 작은 실수에 쉽게 상처를 받는다. 이런 내 마음을 정직하게 마주하고 나서야 사랑의 본질에 대해 다시 묻게 된다. 내가 정말 바라는 사랑은 무엇일까. 사랑의 원형은 그저 내가 받고 싶은 사랑의 집합에 불과한 걸까.

한 번은 친구와 크게 다툰 적이 있다. 서로에게 상처를 주는 말을 주고받았다. 며칠간 연락을 끊었다. 그 며칠이 그렇게 힘들 줄 몰랐다. 누군가와의 관계가 어긋날 때 내 마음속 사랑의 결핍이 더 또렷해졌다. 그때마다 나는 "내가 뭘 잘못했지?"라는 질문 대신 "나는 왜 이렇게까지 사랑받고 싶어 할까?"라는 질문을 품게 됐다.

사랑을 바라는 마음, 그것은 아마도 인간의 본능적인 숨결과도 같다. 어린 시절, 누군가의 품에 안겨서 울고 웃었던 기억부터, 성인이 되어도 여전히 존재의 이유를 확인받고 싶은 내면의 목소리까지…. 누구나 사랑을 향해 다가가고, 그 안에서 살 이유를 찾는다.

하지만 내가 바라던 사랑은 늘 내 마음만큼 완전하지 않았다. 사랑받고 싶다는 욕망은 때론 집착이 되고, 불안이 되고, 실망으로 변했다. 사랑하면서도 자유롭지 못하고, 사랑이 떠나갈까 봐 늘 불안했다.

진짜 사랑의 원형, 변하지 않는 사랑, 그 사랑은 어디에 있을까.
성경은 하나님이 사랑의 원형이라고 말씀한다.

"하나님은 사랑이시다"(요일 4:16)

이 짧은 문장이 내 마음을 오래 울리는 것은 사랑에 대한 갈망 때문일 것이다. 그 사랑이 '예수님'이라는 이름으로 이 땅에 오셨음을 믿는다. 그 예수님의 사랑을 생각하다가 문득 나에게 질문해 본다.
'나는 얼마나 사랑을 알고 있을까?'
'나는 얼마나 사랑받고 싶은 존재인가?'
'나는 얼마나 사랑할 수 있을까?'
오늘도 사랑을 꿈꾸는 마음으로 예수님의 사랑을 생각하며 조심스레 내 마음을 다시 열어본다.
'예수님, 나도 사랑을 알고 싶습니다. 진짜 사랑을, 내 안에 경험할 수 있게 해주세요.'

비교의 세계에서 특별함을 찾다

'오늘은 조금 더 나아지고 싶다.'
아침에 눈을 떴을 때, 머릿속을 가장 먼저 채우는 생각이다. 어릴 때부터 몸에 밴 습관이다. 좋은 학생이 되기 위해, 좋은 자녀가 되기 위해, 남들보다 앞서기 위해. 부모님께 칭찬받고 싶어서, 학교에서 인정받고 싶어서, 애를 쓰며 살아온 흔적이다.

세상은 끊임없이 '비교'라는 잣대를 들이댄다. 성적, 외모, 말투, 옷차림, 심지어 걸음걸이까지. 무엇이든 더 뛰어나야 하고, 더 멋져야 한다. 더 특별해야만 의미가 있는 것처럼 말한다. 나는 그 평가에, 그 비교에 늘 흔들렸다.

'나는 별로 특별하지 않다'

'나는 남보다 못하다'

누군가의 칭찬 한마디에 하루가 달라지고, 한 번의 지적에 며칠 동안 마음이 무너진다. 특별함은 늘 남의 몫인 것 같다. 사회는 성공한 사람, 인기 있는 사람, 무엇을 이루어낸 사람만을 특별하게 여긴다. SNS는 누가 더 멋지고 특별한가를 보여주는 전시장이 되어버렸다. 그들이 올려놓은 프로필 사진을 보다 보면 부러움이 스멀스멀 올라온다. 나는 그 안에서 점점 작아질 수밖에 없다. 내 자리가 점점 좁아지는 것만 같았고, '나는 쓸모없는 존재인가'라는 생각에 사로잡힌다.

맥스 루케이도의 "너는 특별하단다."라는 동화책이 생각났다.

주인공 펀치넬로는 마치 내 모습 같다. 작은 나무 사람 펀치넬로는 실수투성이에다, 별로 내세울 것도 없다. (사실, 지금도 나는 그런 생각에 사로잡혀 있을 때가 많다.) 마을 사람들은 그에게 점만 붙였다. 잘난 이들에겐 반짝이는 별이 주어졌지만, 점 투성이가 되어가는 펀치넬로는 점점 더 자신을 싫어하게 됐다.

동화 속 또 다른 인물 루시아는 달랐다. 아무리 누가 별이나 점을 붙여도, 그녀의 몸에는 아무것도 남지 않았다. 펀치넬로가 그 이유를 궁금해하자, 자신을 만든 장인 엘리를 소개해 주었다.

엘리는 펀치넬로에게 말했다.

"너는 내가 만든 특별한 존재란다. 다른 사람이 뭐라고 하든 상관없단다. 나는 네가 마음에 든단다."

그 구절을 읽는 순간, 마음이 멈췄다. 오랜 시간 세상의 기준에 나를 맡기고, 타인의 평가에 내 가치를 내어주고 있던 나의 모습 때문이다. 나 자신을 사랑하지 못한 채로 살아온 시간이 얼마나 많은지 생각했다.

성경은 하나님이 우리 각자를 '존귀하고 소중하게' 만드셨다고 한다.

"하나님이 세상을 이처럼 사랑하사 독생자를 주셨으니…"(요한복음 3:16)

여기서 '세상'은 거대한 군중이 아니라, 바로 '나 자신'이다. 하나님은 누구와도 비교하지 않으신다. 하나님은 내가 성공했을 때만, 잘나갈 때만, 남보다 뛰어날 때만 사랑하시는 분이 아니다. 오히려 내가 가장 초라할 때, 가장 외롭고, 가장 자신 없어 할 때도 나를 특별하게 여기신다. 그것은 내 몸에 붙은 점들과 상관없다. 세상의 평가와 내 실패, 내 부족함 그 모든 것 너머에 하나님은 한결같은 사랑으로 내게 말씀하신다.

"나는 네가 마음에 든단다. 나는 너를 위해 가장 소중한 것을 내어 줄 만큼 너를 사랑한단다."

하나님의 사랑은 변하지 않는다. 어떤 실수나 연약함이 있어도 나는 여전히 하나님 안에서 특별한 존재다. 아무리 점을 많이 받았더라도, 하나님 앞에서 나는 그 무엇과도 바꿀 수 없는 존재다. 때로 비교에 시달리고, 타인의 시선에 움츠러들 때면 펀치넬로가 엘리 앞에서 들었던 그 말을 조용히 되새겨 본다.

"너는 특별하단다."

내가 가장 사랑받고 싶었던 때를 생각해보면 내가 가장 외롭고 불안했을 때였다. 그런데 그때가 가장 친구들과 사람들 사이에서 인정받고 관심의 대상이 되고 있었던 때였다. 이유를 알 수 없는 외로움과 쓸쓸함이 내 마음을 뒤덮곤 했다. 그런 내 모습을 떠올릴 때마다 헨리 나우웬의 이야기가 떠오른다. 그는 하버드대학교에서 신학과 영성을 가르치던 유명한 교수였다. 많은 사람의 존경과 명예를 누리던 시절, 이유를 알 수 없는 공허함 불안을 느꼈다고 한다. 자신이 얼마나 사랑받고 있는지 확신하지 못했고, 사람들의 인정과 박수에 목말라 있는 자기 자신을 발견하게 되었다.

교수직을 내려놓고, 캐나다의 한 공동체로 들어갔다. 그곳은 '라르쉬(L'Arche)'라는 지적 장애인들과 함께 살아가는 공동체였다. 처음엔 그곳에서 자신이 그들을 돌보는 줄 알았지만, 오히려 그들로부터 '존재 자체로 사랑받는 법'을 배웠다고 했다.

말도 느리고 감정 표현도 서툰 장애인 친구들이 매일 아침 그에게 해주는 포옹, 이름을 불러주며 미소 짓는 얼굴, 이유 없이 그의 손을 꼭 잡아주는 작은 행동들이었다. 그들은 헨리 나우웬이 어떤 책을 썼는지, 얼마나 유명한 교수였는지 알지 못했다. 그저 곁에 있는 사람, 같이 밥 먹는 친구라는 이유만으로 그를 사랑했다. 그곳에서야 비로소 깨달았다고 한다.

"내가 하는 일, 내가 가진 능력, 내가 받은 박수 말고도 나는 사랑받을 수 있구나. 나는 '존재' 자체로 소중한 사람이구나."

그의 깨달음은 내가 품고 있던 질문에도 응답이 되었다. '나는 왜 그렇게 인정받고 싶었을까?' '나는 왜 끊임없이 비교하고, 부족하다고 책망했을까?' 나도 '사랑받고 싶은 존재'였다. 진짜 사랑을 받고 싶었던 것이다. 그 갈망은 내 주변의 누구도, 세상의 성공도 채워줄 수 없었다.

이제 조금씩 배우고 있다. 예수님 안에서, 내가 존재 자체로 사랑받고 있다는 사실이 진짜 자유와 치유를 주는 사랑의 시작점이라는 것을. 하나님이 나를 그렇게 사랑하신다. 그 사랑은 세상의 모든 별과 점을 무의미하게 만든다. 내가 가진 부족함, 내 삶의 상처, 모든 연약함에도 이미 나는 하나님의 특별한 작품이다.

오늘도 나를 평가하는 세상의 소음 속에서 다시 한번 예수님을 생각한다. 예수님은 세상이 줄 수 없는 사랑, 조건 없는 특별함으로 나를 받아주신다. 이제 세상의 별도, 점도 필요 없다. 나를 지으신 분, 나를 사랑하신 그분 안에서 나는 이미 특별한 존재다. 내가 진짜 특별하다는 이 사실이 나를 비교와 평가의 굴레에서 자유롭게 한다.

끝까지 사랑하시는 예수님

사랑이라는 단어를 조용히 묵상해본다.
'나는 어디까지 사랑할 수 있을까.'
그러다 '끝까지 사랑한다'라는 말이 마음에 오래 남는다. 내가 아내에게, 자녀들에게, 성도들에게 자주 했던 말이다. 끝까지는 어디까지일까.
누군가 내게 잘해주면, 나도 잘해주고 싶었다. 나를 먼저 이해해주는 사람이 있으면, 그 사람에게는 내 마음을 더 열었다. 하지만 내 마음을 아프게 한 사람, 내 기대를 저버린 사람을 끝까지 사랑한다는 건 생각보다 쉽지 않았다. 내가 편한 사람, 내가 좋아하는 사람, 나에게 잘해주는 사람만 오래 곁에 두려 했다.
예수님은 제자들을 끝까지 사랑하셨다.

"유월절 전에 예수께서 자기가 세상을 떠나 아버지께로 돌아

가실 때가 이른 줄 아시고 세상에 있는 자기 사람들을 사랑하
시되 끝까지 사랑하시니라"(요 13:1)

"끝까지 사랑하시니라"

 이 구절이 내 마음을 깊게 건드린다. 예수님이 사랑하셨던 제자 중에는 의심 많은 도마도 있었고, 예수님을 세 번이나 부인했던 베드로도 있었다. 심지어 은 삼십에 예수님을 팔아넘긴 가룟 유다도 있었다.

 내가 예수님이라면 그들을 미워하거나 적어도 실망해서 멀리했을 것이다. 예수님은 달랐다. 가룟 유다가 예수님을 배신할 때도, 베드로가 예수님을 모른다고 부인할 때도, 그들을 끝까지 사랑하셨다. 식탁에서 마지막 만찬을 함께 나누며 제자들의 발을 씻겨주셨다. 배신자를 위해서도, 의심하는 이를 위해서도, 예수님은 똑같이 따뜻한 손길을 내미셨다.

 나는 그런 사랑을 할 수 있을까? 내게 상처를 준 사람을, 내가 원망스러운 사람을, 한때 친하게 지냈지만 작은 오해로 멀어져 버린 사람을 여전히 따뜻하게 대할 수 있을까? 끝까지 사랑한다는 말이 너무 무겁고 부담스럽다. 예수님은 십자가를 지는 길에서도 끝까지 사랑의 마음을 잃지 않았다. 예수님이 단순히 선하시기 때문이 아니라, 그분 안에 '끝까지 사랑하는 마음'이 있었기 때문이다.

 예수님의 사랑은 시간의 끝, 사람의 한계, 상처의 깊이를 모두 초

월한다. 누군가를 끝까지 사랑하는 것은 그냥 마음을 굳게 먹는다고 되는 일이 아니다. 사랑이 끝까지 이어지려면 내 안에 있는 '받고 싶음'이 아니라 '내어주고 싶음'이 더 커져야 한다.

예수님의 사랑이 왜 '사랑의 원형'이라 불릴까? 그분의 사랑이 오래 지속된 사랑이 아니라, 죽음으로 증명된 사랑이기 때문이다. 누구나 사랑을 말하지만, 십자가 위에서 자기 생명을 내어주는 사랑은 오직 예수님만이 보여주셨다. 그 사랑은 감정이나 충동이 아니라 하나님의 뜻에 끝까지 순종하며, 상처 입고도 품어내는 특별한 의지적 사랑이었다. 그래서 예수님의 사랑은 본받을 대상을 넘어 우리를 변화시키는 능력 그 자체다. 사랑의 기준이 내 감정이나 의지가 아니라, 예수님의 십자가에서 시작되어야 비로소 끝까지 사랑할 수 있는 사람으로 자랄 수 있다.

나도 끝까지 사랑하고 싶다. 하지만 나는 너무 쉽게 지치고 자주 불안을 느낀다. 사랑이 상처로 돌아오지 않을까 걱정한다. 그러나 예수님은 나의 모든 연약함과 변심에도 한 번도 포기하지 않으셨다. 내가 어긋날 때도, 실패할 때도, 불평하고, 원망할 때도 예수님은 나를 놓지 않으셨다. 그 사랑이 내 마음을 지키고 있다. 끝까지 사랑한다는 말은 스스로 도달할 수 있는 것이 아니다. 내 안에 예수님의 사랑이 들어올 때 비로소 누군가를 포기하지 않고 끝까지 품을 수 있다.

"아버지께서 나를 사랑하신 것 같이 나도 너희를 사랑하였으

니 나의 사랑 안에 거하라"(요 15:9)

오늘도 이 말씀 앞에 멈춘다. 끝까지 사랑하시는 예수님을 생각하며 어디까지 사랑할 수 있을지 고요히 묻는다. 그리고 기도한다.

"예수님, 내 마음이 흔들릴 때마다 끝까지 나를 붙드신 당신의 사랑을 기억하게 해주세요. 내가 누군가를 끝까지 사랑하는 사람이 될 수 있도록 당신의 마음을 내 마음에 새겨주세요."

사랑을 지키는 삶, 사랑을 보여주는 삶

'사랑'이라는 단어가 내 마음속에 머무는 시간이 길어지면서 깨닫게 된 것이 있다.

'사랑은 지켜내는 것이다.'

한때는 사랑을 그냥 자연스럽게 샘솟는 감정이라고 생각했다. 설레고, 따뜻하고, 자연스럽게 표현되는 마음 말이다. 살아가면서 사랑은 저절로 유지되는 것이 아니라는 걸 알게 됐다. 조금만 소홀하면 금세 식어버리고, 작은 실망과 서운함에 쉽게 무너져 내린다.

가까운 관계일수록 사랑을 지키는 일은 더 어렵다. 가족, 친구, 교회 안에서 만난 지체들, 한때는 누구보다 소중했던 사람들이 시간이 지나면서 점점 멀어지고, 서로에게 상처만 남을 때가 있다. 사랑을 지킨다는 것은 정말 쉽지 않다.

요한계시록에서 에베소 교회가 "처음 사랑을 버렸다"(계 2:5)라는 책망을 받았다. 그 장면을 읽을 때마다 마음이 저릿하다. 식어버린 사랑, 초심을 잃어버린 순간들이 떠오르기 때문이다.

"신앙생활은 사랑을 지키는 싸움이다."

처음에는 이 말이 무슨 뜻인지 제대로 알지 못했다. 내가 사랑을 지켜야 할 이유는 예수님이 나를 위해 끝까지 사랑을 지키셨기 때문이다. 십자가에서 죽음에 이르기까지 포기하지 않으셨다. 내가 지치고, 상처받고, 심지어 사랑이 식어버려도 예수님의 사랑은 늘 나를 다시 일으켰다.

삶 속에서 사랑을 지킨다는 건 거창한 일이 아니다. 매일 아침 작은 인사로 시작하고, 누군가의 실수를 용납하고, 내가 먼저 손 내밀 수 있는 용기를 내는 것이다. 누구나 할 수 있을 것 같지만 막상 시도해보면 어렵다. 내 감정이 힘들 때, 상대의 말 한마디가 마음을 찌를 때 사랑을 지킨다는 건 내 안의 자존심과 싸워야 하는 일이다.

'사랑받는 사람'이 되고 싶었던 내가 이제는 '사랑을 보여주는 사람'이 되려고 한다. 나를 통해 누군가가 하나님의 사랑을 조금이라도 느낀다면 그것만으로도 내 삶은 충분히 의미 있을 것이다. 가끔은 지치고, 내가 가진 사랑이 너무 부족하다고 느낄 때가 있더라도 오늘 또 한 번 사랑을 선택한다. 누군가의 실수에 미소로 답하고, 서운한 감정을 기도로 바꾸고, 내가 먼저 한발 다가서려고 한다. 예수님이 보여주신 그 사랑이 내 삶의 방향이 되기를 바라면서. 사랑을 지킨다는 것은 과거의 감정을 억지로 붙드는 게 아니라, 날마다 새로운 결심으로 다시 시작하는 일이다.

사랑의 원형을 다시 보다

지금 생각해보면, 사랑은 단순한 감정이 아니었다. 한 사람이 다른 사람을 어떻게 바라보는지, 상처를 어떻게 견디고, 실망 속에서도 어떻게 손을 놓지 않는지를 통해 사랑은 드러난다. 사랑이 무엇인지, 어디서 시작되고 어디로 흘러가는지 내가 찾던 모든 답은 결국 예수님의 사랑 안에서만 진짜로 만날 수 있다.

예수님은 세상과 다르게 사랑하셨다. 상대가 나를 어떻게 대하든 조건 없이, 끝까지, 포기하지 않고 자기 자신을 내어주는 사랑을 하셨다. 십자가에서 보여주신 그 사랑은 내 삶의 모든 사랑이 어디서 시작되어야 하는지 분명하게 보여준다.

나는 이제 사랑의 원형을 내 마음의 환상이나, 내가 받고 싶은 기대가 아니라 예수님이 보여주신 그 모습에서 찾는다. 부족한 내 마음, 자주 흔들리는 내 감정, 상처와 후회로 얼룩진 나의 사랑도 예수님 안에서는 다시 새로워질 수 있다.

예수님의 사랑은 받을 자격을 따지지 않는다. 시간과 감정의 불안

속에서도 변하지 않는다. 끝까지 품고, 끝까지 기다리는 그 사랑 앞에서 나의 사랑을 돌아본다. 나는 얼마나 사랑받고 싶은 사람인가. 나는 얼마나 사랑을 줄 수 있는 사람인가. 사랑이 식어갈 때, 내 안의 믿음이 흔들릴 때, 예수님의 사랑을 다시 생각해야 한다. 십자가 위에서 아무 조건 없이 나를 바라보시던 그분의 눈빛을 기억해야 한다.

이제 나는 사랑을 증명받고 싶어 애쓰는 대신, 이미 받은 사랑을 살아내고 싶다. 내가 누군가를 끝까지 안아줄 수 있다면, 내가 누군가의 실수를 덮어줄 수 있다면, 내 안에 계신 예수님의 사랑이 드러나는 것이다.

사랑은 단순한 감정이 아니라 끝까지 포기하지 않는 선택이다. 매일을 살아내는 용기다. '사랑받는 존재'에서 '사랑을 보여주는 존재'로 조금씩 변해가는 것이 예수님을 닮아가는 삶이다.

묵상과 적용을 위한 제안

1. 예수님께서 끝까지 사랑하신 그 사랑이 지금 내 삶과 마음에 어떤 울림을 주는지 묵상해 보라.

2. 나는 사랑을 받을 때와 사랑을 줄 때 각각 어떤 감정을 느끼는지, 그리고 그 안에 있는 나의 진짜 욕구는 무엇이었는지 솔직하게 성찰해 보라.

3. 오늘 내가 만날 사람들 중 누구에게, 어떤 방식으로 예수님의 사랑을 흘려보낼 수 있을지 구체적으로 결단해 보라.

2. 겸손하신 예수 생각

빌립보서 2:5-8

5) 너희 안에 이 마음을 품으라 곧 그리스도 예수의 마음이니 6) 그는 근본 하나님의 본체시나 하나님과 동등됨을 취할 것으로 여기지 아니하시고 7) 오히려 자기를 비워 종의 형체를 가지사 사람들과 같이 되셨고 8) 사람의 모양으로 나타나사 자기를 낮추시고 죽기까지 복종하셨으니 곧 십자가에 죽으심이라

이 마음을 품으라

'나는 어떤 마음으로 오늘을 살아가고 있을까?'

분주한 일상, 쉴 틈 없이 돌아가는 세상 속에서 나를 돌아보는 일은 쉽지 않다. 마음 한구석, 아주 조용한 곳에선, 예수님을 생각하고 싶어 하는 작은 갈망이 살아 숨 쉰다. 예수를 생각한다는 것은 단순히 어떤 종교적 의무감이 아니다. 내 삶의 기준이자, 내가 진짜 닮고 싶은 존재를 떠올리는 일이다.

"너희 안에 이 마음을 품으라 곧 그리스도 예수의 마음이니"(빌 2:5)

사도 바울의 권면은 어쩌면, 오늘 나에게 가장 필요한 말인지 모른다.

주님의 마음을 품는다는 것, 예수님의 마음을 닮는다는 것, 그것은 늘 머릿속에서만 맴도는 생각이 아니라 내 삶을 조용히 흔들어 놓는 도전이다. 세상은 점점 더 빠르고 경쟁적으로 변해간다. 내 이름을 높이고, 남보다 조금 더 많이, 조금 더 높이 올라가는 것을 가치 있는 삶으로 여긴다. 그 속에서 예수님의 마음, 그 겸손함과 사랑, 그리고 비움과 낮아짐을 떠올려 본다.

'예수님이라면 어떻게 하셨을까?'

아주 오래된 질문이지만, 여전히 나를 멈추게 하는 질문이다. 생각이 바뀌면 마음이 바뀌고, 마음이 바뀌면 행동이 바뀐다. 예수님의 마음을 생각하면, 나도 조금은 달라질 수 있지 않을까? 그런 기대와 소망이 있다.

내 마음이 복잡하고, 때론 고단할 때면 이 찬송이 입에서 흘러나온다.

"주님의 마음을 본받는 자, 그 맘에 평강이 찾아옴은…"

참 이상하다. 예수님의 마음을 생각하고, 그분처럼 살아보겠다고 결심할 때마다 불안했던 마음에 평안함이 스며든다.

비움의 자리에서 피어나는 평강

아이들이 손을 움직일 수 있게 되면 제일 먼저 배우는 게 있다. '무언가를 붙잡는 법'이다. 어릴 때는 장난감, 조금 더 크면 성적표, 어른이 되면 자존심, 경제적 안정, 누군가에게는 사랑, 누군가에겐 인정을…. 사람은 각자 마음의 어딘가에 꼭 쥔 것을 안고 산다. 어쩌면 '붙잡는 법'은 세상이 우리에게 가장 먼저 가르치는 생존 방식인지도 모른다.

하지만, 살다 보면 붙잡은 것을 내려놓아야만 비로소 내가 살 수 있음을 깨닫게 된다.

아침부터 정신없이 시작되는 일상, 문득문득 무엇에 이렇게 매달려 있는지 자문한다. 내가 붙들고 있는 것들이 나를 지켜줄 거라 믿지만, 그 무게가 내 마음을 짓누르고 있음을, 내려놓지 못한 마음의 짐이 평강을 밀어내고 있음을 쌓여가는 두려움과 불안이 일깨워준다.

천천히 소리 내어 이 말씀을 읽어본다.

> "너희 안에 이 마음을 품으라, 곧 그리스도 예수의 마음이니 그는 근본 하나님의 본체시나 하나님과 동등됨을 취할 것으로 여기지 아니하시고 오히려 자기를 비워 종의 형체를 가지사 사람들과 같이 되셨고 사람의 모양으로 나타나사 자기를 낮추시고 죽기까지 복종하셨으니 곧 십자가에 죽으심이라"(빌 2:5-8)

예수님의 비움, 예수님의 내려놓음은 지금 나의 모습을 돌아보게 한다. 예수님이 가진 것은 쉽게 버릴 수 있는 가벼운 것이 아니었다. 하늘의 영광, 하나님의 본체라는 신분, 모든 권리와 영예와 능력을 온전히 소유하신 자기 정체성이었다. 자기를 비워 종의 모습으로, 나처럼 연약한 사람의 형상으로 이 땅에 오셨다.

내 자존심 하나 내려놓기도 힘든데 자신의 모든 영광과 권리를 비우셨다. 왜일까? 왜 예수님은 자기를 비우셨을까? 이 질문을 가지고 묵상에 잠긴다. 작은 자존심 하나 내려놓지 못해 소중한 사람과 다투었던 내 모습을 떠올려 본다. 반드시 해야 할 중요한 일처럼 생각하고 주장했지만, 사실은 내가 무시당하지 않으려는 자존심을 움켜쥐고 있던 것이다. 실패를 인정하지 못해 누군가에게 상처를 주었던 일도 내가 상처받지 않으려는 마음이었다. 심지어 교회 안에서도 '내가 옳다'는 생각과 '내가 이만큼 했으니 인정받아야 한다'라는 마음 때문에 힘들어했다. 그때마다 어김없이 찾아오는 것은 불안이었다. 쥐고 있는 것을 놓으면 안 된다는 불안 말이다. 그것이 나를 지켜줄 것 같지만 실은 점점 더 고립시켰다.

어느 날, 정말 아무것도 할 수 없을 만큼 힘든 순간이 닥쳤다. 내 인생의 어느 구석도 내 힘으로 움직일 수 없는 상황처럼 느껴졌다. 사역지를 옮기라는 갑작스러운 통보 때문이었다. 어떠한 해명이나 변명도 할 수 없었다. 정말 열심히 노력하고 있었고, 사람들로부터 인정도 받고 있었기에 더욱 힘들었다. 깊은 밤, 아무도 없는 교회에 들어가 십자가 앞에 앉았다. 기도도 나오지 않았다. 가슴이 꽉 막힌 것 같았다. 그때 찬송가가 조용히 내 입술을 타고 흘러나왔다.

> 주님의 마음을 본받는 자, 그 맘에 평강이 찾아옴은
> 험악한 세상을 이길 힘이 하늘로부터 임함이로다
> 주님의 마음 본 받아 살면서 그 거룩하심 나도 이루리
> (찬송가 455장)

알 수 없는 눈물이 났다. 그날 나는 비로소 나를 꽉 붙잡고 있던 자존심, 두려움, 실패, 그 모든 것을 주님 앞에 조금씩 풀어놓기 시작했다.

"맡깁니다. 제 자존심도, 남의 시선도, 내 계획도, 모두 내려놓습니다."

그렇게 고백하는 순간, 내 마음 가운데 평강이 찾아오기 시작했다. 아무것도 해결된 것은 없었다. 내려놓은 자리엔 설명할 수 없는 평안함이 마치 온몸을 감싸듯 스며들었다. 나는 그때 알았다. 내가 붙들고 있던 것들이 나를 지켜주지 못하고, 오히려 내 평안을 멀어지게 했다는 것을 말이다.

내려놓으려 할 때 가장 먼저 올라오는 감정은 두려움이다.

"비우면, 내가 더 약해지는 건 아닐까?"

"내가 이렇게 손을 놓으면, 정말 평강이 찾아올까?"

하지만 예수님은 내려놓으셨기에 하나님의 능력과 사랑이 그 안에 충만할 수 있었다.

어느 신학자가 말했다. "비움이 없는 충만은, 진짜 충만이 아니다." 나는 내 안에 평강을 채우기 위해 얼마나 많은 가짜 충만을 쌓아왔는지 돌아본다. 더 갖기, 더 올라가기, 더 인정받기, 더 강해지기. 그런 채우려는 마음이 오히려 내 영혼을 허전하게 만들었다. 예수님이 보여주신 비움은 단순한 포기가 아니었다. 자신을 '비운다'는 것은 사랑을 위한 진짜 '채움'의 시작이다.

예수님은 우리를 사랑하셨기에 자기의 영광을 기꺼이 내려놓으셨다. 가장 낮은 자리에서, 우리와 똑같이 아파하고, 똑같이 슬퍼하고, 똑같이 외로워하셨다. 그 낮아짐과 비움 속에서 예수님은 하나님의 사랑을 보여주셨다.

"내려놓음은 자신이 아니라 하나님을 신뢰하는 용기다"라는 말이 생각난다. 내가 뭔가를 내려놓을 때 내 안에는 언제나 두려움과 아쉬움이 남는다. 내려놓음의 자리에만 진짜 평강이 찾아온다는 것을 예수님의 삶을 통해 배워간다.

한 청년이 찾아와 말했다.

"목사님, 저는 늘 비교하고 남의 시선을 신경 쓰고, 결국 아무것도 내려놓지 못한 채 불안에 시달려요. 저는 마음을 비우는 게 정말 어려워요."

그의 이야기를 듣고 내 과거와 지금의 모습을 겹쳐 보았다. 내려놓음이란 패배가 아니라 진짜 자유를 향한 시작이다. 내가 끝까지 붙잡았던 자존심, 성공, 오래된 분노와 상처, 그 모든 것을 예수님의 마음을 생각하며 조용히 내려놓아야 한다. 내 안에 쌓인 두려움 대신 하나님의 평강이 조용히 내 영혼에 머물도록.

"평안을 너희에게 끼치노니 곧 나의 평안을 너희에게 주노라 내가 너희에게 주는 것은 세상이 주는 것과 같지 아니하니라 너희는 마음에 근심하지도 말고 두려워하지도 말라"(요 14:27)

예수님의 평강은 내려놓음과 비움을 통해 만들어진 빈 자리에만 주어지는 하늘의 선물이다. 작은 것 하나라도 조용히 내려놓을 때 내 안에 흘러드는 예수님의 평강을 경험한다.

사랑이 만든 겸손

한때, 겸손을 '겸손해 보이는 태도'쯤으로 오해했다. 말을 조심하고, 다른 사람을 앞세우고, 자기를 낮추는 척하면 그것이 겸손인 줄 알았다. 하지만 속으로는 누군가의 칭찬이나 인정, '넌 참 겸손해'라는 말을 듣고 싶은 마음이 더 컸다. 정말 나는 겸손한 사람일까? 내가 겸손하다고 느끼는 순간, 이미 겸손이 내 손에서 빠져나간 건 아닐까?

어느 선교사님의 간증을 들었다. 그는 수십 년간 이름 없이, 얼굴 없이 중동 지역의 난민촌에서 봉사했다. 누군가가 그의 이야기를 기사로 다뤘지만, 그는 끝내 사진 한 장 찍지 않겠다고 했다.

"이 사역은 제 것이 아니라 주님의 것입니다. 사람들에게 기억될 필요는 없어요."

사람의 마음에는 이중적인 얼굴이 있다. 겸손의 얼굴과 자기 자랑의 얼굴 말이다. 내가 무언가를 '이루었다'라고 생각하는 순간, 겸손은 조용히 자리를 떠난다. 선교사님의 말에서 겸손을 배웠다. 겸손은 '말'이 아니라 익명 속에서도 기꺼이 살아가겠다는 태도임을.

어느 교회에서 겸손에 대해 설교한 목사님에게 한 성도가 다가와 이렇게 말했다고 한다.

"목사님, 다른 건 몰라도 저는 겸손한 것 하나만큼은 자신 있어요."

순간 나도 웃음이 났지만, 돌이켜보면, 나 역시 그런 마음을 품은 적이 있다.

겸손이란 무엇일까? 겸손을 자기비하나 자신감 결핍으로 오해하기 쉽다. 손해 보는 척, 약한 척하는 태도로 착각하기도 한다. 성경이 말하는 겸손은 그런 표면적인 태도가 아니다. 진짜 겸손은 하나님 앞에서 내 자리를 정직하게 아는 데서 시작된 나를 과장하지도, 과소평가하지도 않는, 하나님 안에서 나의 진짜 위치를 아는 마음이다.

앤드류 머레이는 말했다.

"겸손은 죽음과 생명이 직결된 문제다. 지옥과 천국이 달려 있다.

교만은 우리를 타락하게 만들고, 겸손은 하나님의 은혜를 불러온다."

하늘에서 땅으로 내려온 두 존재가 있다. 스스로 높이려다 떨어진 사탄과 스스로 낮아져 우리에게 내려오신 예수님이다. 한 존재는 교만으로 관계를 무너뜨리고, 다른 존재는 겸손으로 관계를 세우셨다. 예수님의 겸손은 성품이 아니라, 관계를 살리는 능력이고, 사랑에서 나온 선택이었다.

어릴 때 친구들과 사소한 일로 다투곤 했다. 내가 맞다, 내가 더 잘 났다는 마음을 숨기지 못하고 티를 냈다. 결국, 친구와의 관계는 쉽게 깨어졌다. 어른이 되어도 마찬가지다. 가정에서, 직장에서, 교회 안에서 내가 옳다고, 내가 더 낫다고 속으로 우쭐해질 때 관계는 쉽게 멀어진다.

예수님의 겸손은 다르다. 예수님은 자신의 권리를 주장하지 않으셨다. 억지로 자신을 낮추신 것도 아니었다. 진짜 이유는 사랑이었다. 나를 사랑하기에, 우리를 사랑하시기에 자기를 비우고 낮은 자리로 내려오셨다. 십자가를 지기까지 복종하셨다.

누군가의 말이 생각난다.

"겸손은 사랑이 만들어내는 열매다."

사랑이 없는 겸손은 결국 누군가에게 보이기 위한 가면일 뿐이다. 진정한 겸손은 내 위치를 내려놓고, 누군가를 세우기 위해 자신을 기꺼이 낮추는 사랑의 행동이다.

사도 바울은 예수님의 겸손에 대해 말했다. 사랑에서 시작된 낮아짐을 본받으라고 했다. 교회의 어려움을 해결하는 방법, 가정과 일터의 갈등을 푸는 해답도 다르지 않다. 진짜 사랑이 내 안에 있을 때 비로소 진짜 겸손이 흘러나온다.

나는 과연 겸손하게 살아왔을까? 지난 시간을 돌아보다 내가 진정으로 겸손해졌던 순간이 떠올랐다. 어느 날, 아내와 심하게 말다툼한 난 뒤였다. 나는 끝까지 내 주장이 옳다고 생각했다. 그런데 시간이 지날수록 마음이 더 무거워졌다. 기도 중에 '네가 먼저 낮아지라'라는 주님의 음성이 들렸다. 처음엔 억울했다.

'왜 내가 먼저?'

결국 예수님의 십자가 앞에 섰다.

'내가 옳아서 십자가를 지신 것이 아니다. 사랑 때문에 십자가를 지신 것이다.'

이 사실을 깨닫고 아내에게 다가가 내 잘못을 먼저 고백했다. 가정이나 교회 안에서도, 직장과 세상에서도, 모두 조금만 더 낮아지면, 조금만 더 사랑하면 관계가 살아난다.

예수님의 겸손은 사랑에서 나온 능력이다. 예수님은 바리새인들의 겉만 번지르르한 가짜 겸손을 꾸짖으셨다. "외식하지 말라." 사람에게 보이기 위한 겸손은 이미 자기 상을 받았다고 했다. 내가 칭찬받으려고 겸손한 척할 때 그것은 내 영혼을 더욱 공허하게 만든다.

진짜 겸손, 예수님의 겸손은 누군가를 향한 사랑에서 흘러나온다. 가장 낮은 자리에서 누군가의 아픔을 품고 누군가의 허물을 감싸 안고 내 욕심과 권리를 조용히 내려놓을 때 거기서 관계가 살아난다. 교회 공동체가 진짜 살아 움직이려면 사랑에서 우러난 겸손이 모두에게 필요하다.

진짜 겸손, 사랑이 만든 겸손을 내 삶에 심고 싶다. 남에게 보이기 위한 겸손이 아니라 누군가를 품기 위한 따뜻한 낮아짐 말이다. 서로를 살리는 관계의 겸손이 내 일상에 뿌리내리길 진심으로 소망한다.

기도, 낮아짐에서 시작된 힘

나는 정말 '겸손하게' 기도하고 있는가, 아니면 습관처럼, 의무감으로 기도하고 있는가? 기도를 시작하는 자리에서 가장 필요한 것은 내가 얼마나 작고 약한 존재인지 깨닫는 것이다. 내 힘으론 아무것도 할 수 없다는 솔직한 고백이다.

어느 날, 삶이 너무 힘겨워서 기도하는 자리조차 두려웠던 적이 있다. 기도하기 위해 앉았지만, 입술에선 아무 말도 나오지 않았다.

'기도한다고 뭐가 달라질까?'

'정말 하나님이 내 이야기를 들으실까?'

이런 의심과 두려움 속에서 한참을 머뭇거렸다. 그때 예수님의 비유가 생각났다.

누가복음 18장에서 예수님은 자기를 의롭다고 믿는 바리새인과 스스로를 죄인으로 고백하는 세리의 기도를 나란히 보여주신다. 바리새인은 당당히 성전 앞에 서서 자기의 선함을 자랑하며 기도한다.

"하나님, 나는 남들과 달리 도둑질도, 불의도, 간음도 하지 않았습니다. 나는 일주일에 두 번 금식하고 소득의 십일조도 드립니다."

그의 기도는 겉으로 보기엔 훌륭하다. 마음에는 하나님이 필요하지 않은 교만이 자리 잡고 있다. 반면, 세리는 멀리서 감히 얼굴도 들지 못한 채 가슴을 치며 고백한다.

"하나님이여, 불쌍히 여기소서, 나는 죄인입니다."

그 짧은 기도, 그 무너짐과 낮아짐, 그 속에 진짜 기도의 힘이 숨어 있다.

예수님은 말씀하신다.

"자기를 높이는 자는 낮아지고, 자기를 낮추는 자는 높아지리라"(눅 18:14)

나는 이 장면을 떠올릴 때마다 기도의 자리는 나를 낮추는 자리, 내 무력함을 인정하는 자리라는 걸 새삼 깨닫는다.

내 삶에서도 기도가 가장 깊어진 순간은 내가 무너졌을 때였다. 내 한계를 인정할 수밖에 없던 때였다. 외롭고, 도무지 해결책이 없어 보이고, 사람들에게 말할 수 없는 마음의 골짜기를 지날 때, 비로소 진짜 기도가 시작되었다.

기도는 우리의 약함을 감추는 자리가 아니다. 그 약함을 하나님 앞에 진실하게 드러내는 용기의 자리다. 기도는 내가 무엇인가 할 수 있다는 자기 확신의 공간이 아니다. 하나님만이 하실 수 있다는 신뢰의 고백이 흘러나오는 자리다.

입으로는 "주님, 도와주세요"라고 말하면서도 마음속 깊은 교만이나 자기 계획을 내려놓지 못할 때가 있다. 내가 가진 것들을 내려놓고, 진심으로 고백해야 한다.

"저는 아무것도 할 수 없습니다. 주님만이 하실 수 있습니다"

그제야 기도는 단순한 말이 아니라 하나님을 의지하는 실제적인 믿음의 표현이 된다.

> "그러므로 하나님의 능하신 손 아래에서 겸손하라. 때가 되면 너희를 높이시리라. 너희 염려를 다 주께 맡기라. 이는 그가 너희를 돌보심이라"(베드로전서 5:6~7)

이 말씀을 붙들고 기도의 자리에서 조용히 내 마음을 쏟아내야 한다. 하나님의 능하신 손 아래에서 내 힘을 내려놓고 내 생각, 내 욕심, 내 자존심, 내가 조종하려 했던 모든 것들을 하나하나 주님께 맡겨야 한다. 그러면 설명할 수 없는 평강과 이상한 힘이 내 마음 깊은 곳에서 천천히 솟아오르는 것을 느낄 수 있다.

어릴 적, 나는 기도를 '내가 원하는 것을 얻기 위한 수단'쯤으로 생각했다.

"이것 주세요, 저것 해결해주세요."

기도 제목은 언제나 내 욕구와 필요로 가득했다. 하지만 신앙이 조금씩 자라면서 알게 되었다. 기도는 '내 뜻을 이루는 자리'가 아니라 '내 뜻을 내려놓는 자리'라는 것을. 기도는 내가 원하는 것을 억지로 관철시키는 힘이 아니다. 하나님의 뜻 앞에 나를 조용히 낮추고 내려놓는 과정이다. 기도는 인간의 능력이 아니라 하나님의 능력을 신뢰하는 겸손한 선택이다.

예수님도 늘 기도하셨다. 특히 가장 외롭고 가장 두려웠던 겟세마네 동산에서 무릎 꿇고 땀을 핏방울처럼 흘리며 기도하셨다.

"내 아버지여 만일 할 만하시거든 이 잔을 내게서 지나가게 하옵소서 그러나 나의 원대로 마시옵고 아버지의 원대로 하옵소서"(마 26:39)

그 기도는 예수님의 완전한 낮아짐, 완전한 신뢰의 기도다.

내 뜻을 내려놓는 기도가 가장 어렵다. 하지만 예수님의 기도를 따라 하나님의 뜻을 신뢰하는 겸손의 기도를 드릴 때 내 안에 상상할 수 없는 힘과 자유가 생긴다.

"하나님, 저는 연약합니다. 주님이 도와주셔야 합니다."

이 고백의 기도를 하다 보면, 내 영혼에는 진짜 쉼과 용기로 채워져 있음을 깨닫는다.

기도는 모든 염려를 주님께 맡기는 행위다. 기도는 나의 한계, 나의 작은 믿음, 내 속 깊은 두려움까지 솔직하게 드러내는 최고의 겸손이다. 사실 기도하지 않는다는 것은 스스로 교만함을 인정하는 것이다. 기도가 없는 시간에는 '내 힘으로 해보겠다'라는 은밀한 자기 확신에 사로잡혀 있을 때가 많다. 그러다 벽에 부딪히고, 마음이 무너져서야 비로소 기도의 자리, 겸손의 자리에 다시 선다.

내가 무릎을 꿇는 순간 내 마음은 가장 낮아지고 하나님만이 나의 소망, 나의 힘이 된다. 오늘도 나는 다시 기도의 자리로 나아간다. 무엇을 구하기 이전에 내 마음을 낮추고 하나님의 뜻을 신뢰하며 겸손하게 무릎 꿇는다.

발을 씻는 마음, 연약함을 품다

요한복음 13장, 십자가를 앞둔 마지막 밤이다. 예수님은 제자들과 함께 식사하신 후 겉옷을 벗고 수건을 허리에 두르셨다. 한 사람, 한 사람, 제자들의 더럽고 피곤한 발을 조용히 씻기 시작하셨다. 하나님의 아들이신 예수님이 무릎을 꿇고 제자들의 발을 씻기셨다.

베드로는 당황스러웠다.

"주님, 제 발은 절대로 씻지 못하십니다!"

예수님은 대답하셨다.

"내가 너를 씻기지 않으면 너는 나와 상관이 없다."

겸손은 손을 씻는 게 아니라 발을 씻는 것이다. 예수님의 겸손은 자세가 아니라 사랑을 담은 낮아짐이었다. 발을 씻는다는 것은 누군가의 더러움, 누군가의 허물을 직접 만지고, 직접 품는 일이다. 겸손은 고개 숙인 태도가 아니라 상대의 연약함 앞에 무릎을 꿇는 것이다.

나는 정말로 누군가의 연약함 앞에 이렇게 무릎 꿇을 수 있을까? 다른 사람의 허물을 볼 때 본능적인 나의 모습은 판단하는 것이다.

'어떻게 저럴 수 있지?'

'왜 또 실수하지?'

예수님은 다르셨다. 제자 중엔 곧 예수님을 배신할 유다도 있었고, 예수님을 세 번이나 부인할 베드로도 있었다. 예수님은 그들의 연약함을 미리 아셨다. 그런데도 무릎 꿇고 가장 낮은 자리에서 그들의 발을 씻어주셨다. 그 발에 남은 하루의 먼지, 세상의 때, 실수와 허물, 모두를 사랑으로 감싸주셨다.

가족의 실수 앞에서, 동료의 부족함 앞에서, 누군가가 내 기대에 미치지 못할 때 얼마나 자주 실망하고, 비판하고, 마음의 문을 닫아버렸던가. "진짜 겸손은 상대의 발을 씻어주는 종의 마음에서 온다"라는 글귀가 생각난다. 누군가의 허물을 씻어주고 연약함을 덮어주는 일, 그것은 비굴함이 아니라 진정한 사랑에서만 나올 수 있는 용기다.

교회 안에서도 연약함을 품는 일이 가장 큰 사랑의 실천임을 종종 잊곤 한다. 누군가 내게 다가와 자신의 아픔을, 실패를, 감추고 싶은 허물을 조심스럽게 꺼낼 때 나는 진심으로 그를 품을 준비가 되어 있는가?

복음서에는 예수님이 사람들의 아픔과 허물, 죄인들의 연약함까지 함께 품고 안아주셨던 이야기가 곳곳에 있다. 사마리아 여인, 간음하다 잡힌 여인, 자신의 죄 때문에 고개조차 들지 못하던 사람들. 예수님은 그들의 연약함을 책망하기보다 조용히 품으셨다.

조금만 더 겸손하게, 사랑으로 품으려 애쓴다면 관계는 생각보다 더 쉽게 회복될 수 있다. 직장과 사회, 교회 공동체도 마찬가지다. 누군가 내 기대에 미치지 못할 때 그의 허물을 품어주는 것은 내 자존심을 내려놓고 종의 마음을 갖는 일이다. 예수님이 보여주신 '발을 씻기는 마음'은 상대방을 더 소중하게 여기는 참된 겸손의 모습이다.

고백과 고발의 차이를 아는가?

우리는 종종 누군가의 허물을 볼 때, 그것을 '고백'이 아닌 '고발'로 받아들이기 쉽습니다. 세상은 잘못을 드러내고, 비난하며, 공개하는 문화에 익숙하다. 하지만 예수님은 우리에게 서로의 허물을 드러내되, 정죄하지 않고 품고 덮어주는 사랑을 원하셨다. 누군가가 자신의 연약함을 내게 고백할 때, 나는 그를 비난하는 판사가 아닌, 그 발을 씻어줄 종의 마음을 가지고 있는가?

예수님은 발을 씻으신 후 말씀하셨다.

"내가 너희에게 행한 것 같이 너희도 행하게 하려 하여 본을 보였노라"(요 13:15)

이 말씀은 단순한 전통이나 의례를 말하는 것이 아니다. 우리도 누군가의 연약함 앞에서 먼저 무릎 꿇고, 먼저 용서하고, 먼저 품으라는 깊은 부르심이다. 우리의 가정과 공동체가 회복되기 위해 가장 필요한 것이 겸손한 마음이다.

한 성도가 큰 실패와 죄책감에 빠져 오랫동안 공동체에 나오지 못했다. 용기가 나지 않았던 그가 오랜만에 예배당 문을 열고 조심스럽게 앉았다. 함께 기도하는 시간, 나는 그의 어깨에 조용히 손을 얹었다. 그 순간 말보다 깊은 위로와 회복이 흘러가는 걸 느꼈다.

그의 연약함을 있는 그대로 받아주고 품는 마음, 그것이야말로 예수님이 원하시는 발을 씻는 사랑이 아닐까. 나는 다짐해본다. 판사가 아니라 종이 되길, 비난이 아니라 품어주는 손길이 되길, 겸손히 상대의 허물을 덮고 내 연약함도 기꺼이 내어놓을 수 있는 그런 공동체, 그런 사람이 되길.

예수를 생각하는 하루, 다시 시작하다

"예수 생각"이라는 주제를 붙잡고 말씀을 곱씹다가 문득문득 내 일상의 작은 자리를 돌아보게 되었다. 아주 평범한 아침, 내려놓지 못했던 마음, 사랑이 부족했던 관계, 내 힘만 믿고 움켜쥐었던 기도의 자리, 남의 허물 앞에 머뭇거렸던 시간들. 그 순간에 나는 예수님의 마음과는 조금씩 멀어져 있었다.

예수님은 높은 곳에서 나를 내려다보는 분이 아니셨다. 오히려 내 자리에, 내가 가장 낮고 어두운 순간에 다가와 주시는 분이셨다. 예수님의 마음은 자기를 비우고, 자기를 낮추고, 끝까지 사랑하신 그 자리에서 가장 분명하게 드러났다.

비움은 나를 가난하게 만드는 것이 아니라, 하나님의 평강으로 채우는 문이다. 겸손은 나를 작게 만드는 것이 아니라, 사랑을 크게 만드는 힘이다. 기도는 내 뜻을 관철하는 것이 아니라, 하나님의 뜻을 받아들이는 믿음의 숨결이다. 누군가의 연약함을 품는다는 것은 그의 아픔속으로 들어가 함께하는 가장 깊은 사랑의 행위다.

세상은 여전히 나에게 말한다. 더 높이, 더 많이, 더 강해지라고. 예수님을 생각하면 사람을 향한 시선이 달라지고 기도의 숨이 길어진다. 앞으로도 완벽하게 예수님의 마음을 닮을 수는 없을 것이다. 내 마음이 흔들리고 누군가를 품기 어려울 때, 내 실패와 약함이 너무 크게 느껴질 때, 예수님을 다시 떠올려야 한다. 비움의 자리, 겸손의 자리에 평강과 사랑이 자란다는 사실을 마음에 새겨야 한다. 내 삶의 자리마다 예수님의 마음이 머물기를, 내가 가는 길마다 그 사랑의 흔적이 남기를 소망하며 겸손하신 예수님을 생각해야 한다.

묵상과 적용을 위한 제안

1. 예수님의 낮아지심과 자발적인 비움을 묵상하며, 내가 붙들고 있는 자존심이나 두려움, 비교의식 중 무엇을 내려놓아야 할지를 구체적으로 살펴보라.

2. 지금 나의 관계 안에서 겉으로는 겸손한 척하지만 실제로는 인정받고 싶어 하거나 우월감을 느끼고 있던 순간이 있었는지를 성찰해 보라.

3. 오늘 하루, 누군가의 연약함을 판단하거나 외면하지 않고 예수님처럼 품고 섬길 수 있는 실천의 기회를 찾아보고, 작은 행동으로 옮겨 보라.

3. 인내하신 예수 생각

히브리서 12:1-3

1) 이러므로 우리에게 구름 같이 둘러싼 허다한 증인들이 있으니 모든 무거운 것과 얽매이기 쉬운 죄를 벗어 버리고 인내로써 우리 앞에 당한 경주를 하며 2) 믿음의 주요 또 온전하게 하시는 이인 예수를 바라보자 그는 그 앞에 있는 기쁨을 위하여 십자가를 참으사 부끄러움을 개의치 아니하시더니 하나님 보좌 우편에 앉으셨느니라 3) 너희가 피곤하여 낙심하지 않기 위하여 죄인들이 이같이 자기에게 거역한 일을 참으신 이를 생각하라

인내란 뭘까?

인생에는 정해진 결승선이 없다. 누군가 "여기까지 오면 끝이다"라고 알려주면 좋겠지만, 삶은 반복되는 언덕을 오르는 것과 같다. 어린 시절엔 학교가, 청년 시절엔 취업과 결혼이, 다음에는 관계와 생계와 내면의 질문이라는 언덕을 오르면 다시 다른 언덕이 눈앞에 있다.

신앙의 길도 다르지 않다. 처음 예수님을 알게 되었을 때는 뭔가 확 달라질 것만 같았다. 하지만 시간이 지나면 믿음이 흔들린다.

'왜 이렇게 힘든 일이 반복될까?'

'왜 내 삶은 아직도 이 모양일까?'

'나만 뒤처지는 건 아닐까?'

이런 마음은 나만의 것이 아니다.

성경을 펴면, 히브리서 기자는 '경주'(히 12:1)라는 단어로 우리 삶을 묘사한다. 하나님을 믿는 인생은 정지해 있는 게 아니다. 달리고 또 달리는 과정이다. 어떤 이는 인생을 허들 경기에 비유한다. 맞다. 수많은 허들을 넘으며 달리는 것이 인생이다. 그래서 이 경주에는 '인내'라는 단어가 반드시 따라붙는다.

가끔은 '인내'라는 단어가 답답하게 느껴질 때가 있다. 인내란 무엇일까?

'아무것도 하지 않고 그냥 참고만 있어야 하는 건가?'

'버티다 버티다, 결국엔 포기하거나 체념하게 되는 건 아닐까?'

곰곰이 생각해보면 진짜 인내는 단순히 시간을 견디는 게 아니다. 버티는 것도 아니다.

신앙생활도 인내의 연속이다. 예수님을 바라보며, 예수님을 생각하며 내가 누구인지, 왜 이 길을 걷는지 끊임없이 질문하고, 다시 일어서는 것이다.

종종 상담 전화를 받는다.

"목사님, 너무 힘들어요. 이 길을 포기하고 싶어요."

그럴 때마다 내 안에서도 '그래, 그 마음 이해해. 나도 그런 적 많았으니까.'라는 솔직한 대답이 먼저 나온다.

목회자라고 해서 늘 믿음이 충만한 것은 아니다. 의심이 들 때가 있고, 가끔은 예수님을 생각하기보다 눈앞에 닥친 현실에 더 집중할 때도 많다. 그래도 끝까지 예수님을 생각해야 한다는 걸 알기에 인내하며 걸을 수 있다. 내 안의 인내는 예수님을 바라볼 때 다시 힘을 얻는다.

히브리서는 우리에게 권면한다.

"너희가 피곤하여 낙심하지 않기 위하여 죄인들이 이같이 자기에게 거역한 일을 참으신 이를 생각하라"(히 12:3)

피곤하고, 포기하고 싶고, 더는 달릴 힘이 없을 때, 예수님을 생각하라고.

보이지 않을 때, 인내할 수 있을까?

군 생활을 한 지 오래되었지만, 아직도 군대 시절 그 언덕을 또렷이 기억한다. 신병 훈련소에 조교로 생활했다. 신병들과 체력단련을 위해 구보를 나가면, 유독 낙오자가 많은 구보 코스가 있다. 특별히 힘들 만한 오르막이 있는 것도 아닌 마지막 구간에 있는 언덕이다.

그 구간에 이르면 조금 전까지 보이던 목적지가 언덕에 가려서 보이지 않는다. 그러면 "거의 다 왔다"라는 소리에 힘을 내던 신병들이 지쳐 주저앉아 버린다. 고작 100미터 정도의 거리만 남았는데 말이다.

어느 날, 친구와 함께 산책했다. 친구가 무심코 말했다.

"요즘은 그냥 포기하고 싶을 때가 많아."

나도 모르게 조용히 고개를 끄덕였다. 그 말이 낯설지 않았기 때문이다. 누구나 자기만의 어떤 '경주'를 뛰고 있다. 직장에서의 목표, 가정에서의 책임, 신앙생활에서의 부담이라는 언덕 앞에서 포기하고 싶다. 계속해서 달려야 하는 줄은 알지만, 결승점이 어딘지 보이지 않는다.

히브리서 12장은 말한다.

"이러므로 우리에게 구름같이 둘러싼 허다한 증인들이 있으니 모든 무거운 것과 얽매이기 쉬운 죄를 벗어 버리고 인내로써 우리 앞에 당한 경주를 하며…"(히 12:1)

신앙생활을 처음 시작할 때, 뭔가 특별한 힘이 생긴 것 같았다. 기도도 열심히 하고, 예배도 기쁘게 드리고, 내가 이제는 실패하지 않을 것만 같았다. 하지만 시간이 지나면서 자꾸만 지치고, 내 마음도 무거워졌다. 무엇보다 힘든 것은 앞이 보이지 않을 때다. 기도해도 변화가 없고, 참아도 별다른 진전이 없을 때마다 나는 흔들렸다.

'내가 걷고 있는 이 길이 맞는 길인가.'

'정말 이 길 끝에 예수님이 계신가.'

〈천로역정〉에서 크리스천이 설교자의 집에 갔을 때, 두 사람을 만난다. 하나는 '격정', 하나는 '인내'다. 격정은 당장 좋은 일이 생기길 원하고, 인내는 조용히 기다리고 있다. 설교자는 말한다.

"격정이는 지금의 것만 원하고, 인내는 내일의 기쁨을 기다립니다."

결국 격정은 눈앞의 보물을 다 잃고 텅 빈 마음으로 나갔다. 인내는 마지막까지 기다리며 영원한 상을 바라보았다.

나는 격정이처럼 살고 있지는 않을까. 지금 내 앞에 있는 문제와 불안과 조급함에 매달린 채 말이다. 성경은 "인내로써 우리 앞에 당한 경주를 하라"라고 한다. 하지만 그 인내는 무작정 참기만 하는 것이 아니다. 구체적이고 분명하게 믿음으로 바라보는 것이다.

"믿음의 주요 또 온전하게 하시는 이인 예수를 바라보자. 그는 그 앞에 있는 기쁨을 위하여 십자가를 참으사 부끄러움을 개의치 아니하시더니 하나님 보좌 우편에 앉으셨느니라"(히브리서 12:2)

예수님은 십자가를 참으셨다. 아무도 대신해줄 수 없는 고난과 모욕과 외로움과 두려움의 길을 가셨다. 예수님은 어떻게 그 길을 인내하셨을까? 어떻게 그 길을 완주하셨을까? 히브리서 저자는 지금이 끝이 아니라는 걸 알고 계셨다고 한다. '그 앞에 있는 기쁨', 아직 오지 않은 영광, 하나님의 큰 그림을 바라보셨다고 한다.

내 삶에도 그런 시간이 있다. 대학 시절, 졸업을 앞두고 하루하루가 절망의 연속이었다. 친구들은 하나둘씩 자리를 잡아가는데 나는 도무지 길이 보이지 않았다. 그 시절, 한 목사님의 설교가 내 마음에 남았다.

"하나님은 시련을 통해 우리를 연단하신다. 인내는 영원한 것을 소망할 수 있게 한다."

로마서 5장 3절과 4절 말씀이었다. 나는 그 말이 형식적인 위로의 말처럼 느껴졌다. 하지만 시간이 지나고 지금 그때를 돌아본다. 내가 정말 그 시간을 견딜 수 있었던 이유는 '예수님도 이 시간을 아신다'라는 확신 때문이었다. 인내는 쉽지 않다. 내 힘으로만 버티려 하면 곧 주저앉는다.

히브리서는 말한다.

"너희가 피곤하여 낙심하지 않기 위하여 죄인들이 이같이 자기에게 거역한 일을 참으신 이를 생각하라"(히 12:3)

예수님은 참기만 하신 것이 아니다. 모두가 외면한 십자가를 받아들이셨다. 그 앞에 있는 기쁨을 바라보며 말이다. 결국 하나님의 보좌 우편에 앉으셨다.

신앙의 경주에는 눈에 보이지 않는 순간이 많다. 내가 바라보는 것이 문제와 실패와 불안일 때는 인내하며 경주할 힘을 잃어버린다. 하지만 예수님을 바라볼 때는 내 안에 다시 용기가 꿈틀거린다.

레이 프리차드는 말했다.

"시련이 닥치기 전에 우리 신앙은 이론적일 수밖에 없다. 시련을 겪으며 진짜 내가 믿는 것이 무엇인지 비로소 알게 된다."

삶의 뒷면에는 뒤엉킨 실타래 같은 시간이 있다. 슬픔과 혼란, 기쁨과 기대가 뒤엉켜 전체 그림을 볼 수 없다. 언젠가 하나님 앞에 서면 모든 것이 이어져 하나의 큰 그림이 될 것이다. 그것이 내가 오늘도 믿음으로 견디는 이유다.

예수님도 그렇게 하나님의 큰 그림을 신뢰하며 자신의 인내를 완성하셨다. 그 예수님을 생각하면 한 걸음 더 내디딜 용기를 얻는다. 보이지 않는 결승선 앞에서 나는 다시 묻는다.

'나는 무엇을 바라보고 있는가?'

나의 인내가 헛되지 않을 것을, 언젠가 모든 것이 밝혀지는 날이 올 것을 믿는다.

유혹과 낙심의 순간에 내가 기대는 것

해변에 가면 파도는 늘 있다. 아무리 파다가 잔잔해도 파도는 있다. 어떤 때는 집을 삼킬 만큼 큰 파도가 밀려오기도 한다. 유혹과 낙심은 파도와 비슷하다. 유혹과 낙심도 멈추지 않고 밀려온다. 어떤 순간에는 유혹과 낙심이 한꺼번에 밀려와 휩쓸려 떠내려갈 것 같은 경험을 하기도 한다. 누구나 그렇지 않을까. 갑자기 나 자신이 너무 약하게 느껴지는 시간, 기도의 자리에서도 한숨만 늘어나고, 무거운 짐이 어깨를 짓누르는 것처럼 아무것도 할 수 없을 것 같은 순간이 찾아온 경험 말이다.

나는 목사지만, 그런 순간에 특별히 강한 편은 아니다. 때론 더 연약하다고 느낄 때도 있다. 교회 안팎에서 마주치는 사람들의 기대와 성도를 위로하고 일으켜 세워야 한다는 책임감이 나를 '신앙의 모범'이 되는 것처럼 생각하게 만든다. 하지만 나도 연약한 신자일 뿐이다.

설교자의 집, 〈천로역정〉에서 크리스천이 둘러본 방에는 철창에 갇혀 있는 한 사람이 있었다. 표정은 침울했고, 손은 깍지를 낀 채 아무 말도 없이 고개를 떨구고 있었다. 한때는 신실했던 신자였다. 그를 본 크리스천이 물었다.

"왜 이렇게 되었습니까?"

그의 대답은 단순하지만 뼈아팠다.

"나는 정욕의 유혹을 이기지 못하고 하나님의 말씀을 거역했습니다. 성령께서 떠나셨고, 이제는 회개조차 되지 않습니다."

이 이야기를 읽을 때마다 마음이 섬뜩해진다. 왜냐하면 그 철창에 갇힌 인물이 남 얘기 같지 않기 때문이다. 나도 얼마든지 그 자리까지 갈 수 있다. 누구도 신앙에서 완전히 안전한 사람은 없다.

사도 바울은 말했다.

"선 줄로 생각하는 자는 넘어질까 조심하라"(고전 10:12)

누구도 자신을 과신해서는 안 된다. 내가 '감당할 수 없다'라고 여기는 시련이 찾아올 때 나는 무엇을 붙들고 있을까.

내가 신병 훈련소 조교로 있을 때 한 신병이 유난히 자주 낙오했다. 처음에는 그를 다그치고, 힘을 내라고 격려했다. 하지만 시간이 지날수록 그의 낙오에는 이유가 있다는 걸 알게 되었다. 그에게는 어릴 적부터 쌓여온 몸과 마음의 상처가 있었다. 체력 문제보다 "난 안 된다"라는 자기 불신이 더 컸다.

유혹과 낙심의 순간이 찾아올 때 종종 내 힘을 믿고 싶어진다. 한 번 더 해보겠다는 의지, 참아보겠다는 결심을 한다. 그러다 지치고 결국 쓰러지고 만다.

"사람이 감당할 시험 밖에는 너희가 당한 것이 없나니 오직 하

> 나님은 미쁘사 너희가 감당하지 못할 시험 당함을 허락하지
> 아니하시고 시험 당할 즈음에 또한 피할 길을 내사 너희로 능
> 히 감당하게 하시느니라"(고전 10:13)

나의 인내와 힘이 아니라 하나님의 신실하심이 내 삶을 붙들어야 한다. 이 사실을 믿는 것이야말로 진짜 신앙이 아닐까.

가끔 밤이 깊어질 때면 내 안에 싸늘하게 남은 죄책감과 두려움이 밀려온다. '이대로 주저앉으면 어쩌지?' 하는 생각이 찾아온다. 그럴 때마다 조용히 예수님을 부르곤 한다. 예수님께서 십자가를 앞두고 "내 마음이 심히 고민하여 죽게 되었다"라고 말씀하셨던 장면을 묵상한다. 예수님도 두려움과 외로움과 극한의 유혹을 경험하셨다. 그분도, "내 아버지여 할 수만 있거든 이 잔을 내게서 지나가게 하옵소서"(마 26:39)라고 기도하셨다. 그러나 예수님은 그 마음 고백에 있다.

"내 뜻대로 마옵시고 아버지의 뜻대로 하옵소서"

유진 피터슨은 말했다.

"신앙은 포기하지 않고 버티는 것이 아니라, 믿음의 대상이신 하나님께 끝까지 기대는 것이다."

넘어진 자리에서 다시 하나님을 붙드는 법을 배워야 한다. 철창에 갇혀 있는 사람의 이야기는 우리 모두의 그림자다. 그 안에 절망이 있다. 그러나 하나님은 우리에게 늘 '피할 길'을 내신다.

오늘도 내 안에 숨겨진 연약함과 실패에 대한 기억 때문에 움츠리

는 나를 안다. 결국 내가 기댈 수 있는 분은 예수님 한 분뿐이다. 예수님도 홀로 그 밤을 보내셨다. 그러나 그분은 혼자가 아니셨다. 아버지 하나님이 함께하셨다. 내가 기대는 것은 내 힘, 내 의지, 내 경력이 아니다. 하나님의 신실하심, 예수님이 끝까지 믿으신 그 아버지의 손이다.

예수님의 인내, 내 인생의 그림자를 밝히다

밝은 순간과 어두운 시간이 뒤섞여 인생의 무늬를 만든다. 어릴 적에는 모든 일이 순탄하게 풀릴 것 같았다. 신앙을 갖고, 예배를 드리고, 내가 바른길을 걷고 있다고 믿었다. 하지만 현실은 달랐다. 뜻대로 되지 않는 일들이 도미노처럼 연달아 닥쳤다. 실패의 경험, 믿었던 사람에게서 받은 상처, 스스로 실망하며 '나는 왜 이 모양일까' 자책한 적도 많았다. 그 시기를 인내하면 된다는 것을 알았지만 실제 경험하는 것은 너무도 달랐다. 막상 내 인생에 적용하기 위해서는 내 안에 있는 성급한 마음과 앞서서 판단하고 결정하는 태도를 바꾸어야 했기 때문이다.

몇 해 전, 한 장로님이 운영하던 공장에 큰 화재가 있었다. 하룻밤 사이에 수십 년 쌓아온 모든 것이 잿더미가 되었다. 장로님은 믿음이 깊은 분이었지만, 그 사건 앞에서 크게 무너졌다. 그래도 새벽 기도회에 나오셨다.

"신실하신 하나님, 실수가 없으신 좋으신 나의 주"

찬송을 부르려 했지만, 그 가사가 목에 걸려 더 부르지 못했다. 결국 눈물이 터졌고 하나님께 토로했다.

"왜 나에게 이런 일이…."

장로님은 그날 이후로 매일 새벽마다 하나님 앞에서 우셨다. 그렇게 마음을 쏟으며 하나님께 질문만 하던 시간이 지나자, 어느 순간부터 기도가 달라졌다고 했다. 조용히 하나님의 뜻을 묻는 시간으로 바뀌게 되었다고 했다.

그 이야기를 들으며 예수님의 인내를 생각했다. 예수님은 자신이 받으실 모든 고통을 알고도 십자가를 향해 걸으셨다. 사람들에게 버림받고, 가장 가까웠던 제자들에게조차 외면당하는 시간이었다. 어떻게 그 고독을 견디셨을까? 성경은 이렇게 답한다.

"그 앞에 있는 기쁨을 위하여 십자가를 참으사 부끄러움을 개의치 아니하시고…"(히 12:2)

예수님은 현재의 고난이 끝이 아니라는 것을 아셨다. 장차 주어질 영광, 하나님의 큰 그림을 확실하게 바라보셨다.

로마서 8장 18절에서 바울은 고백한다.

"생각하건대 현재의 고난은 장차 우리에게 나타날 영광과 비교할 수 없도다."

나 역시, 지금 겪는 고통이 영원할 것 같았던 순간이 많았다. 밤늦게 목양실에 혼자 앉아 '이 길의 끝은 무엇일까?' 눈을 감고 묵상하곤 했다. 그러다 예수님의 인내가 떠오를 때 내 마음 한구석이 조용히 밝아지는 것을 느끼곤 했다.

시련의 밤, 인생의 그림자가 짙을 때 예수님을 묵상해야 한다. 예수님이 그 길을 먼저 걸으셨기 때문이다. 그분의 인내가 내 어둠을 뚫고 한 줄기 빛이 되어줄 것이다. 나의 인내도 내 힘만으로는 부족하다. 결국, 예수님이 보셨던 그 영원한 기쁨을 함께 바라볼 때 조금씩 완성되어간다.

"내 인생의 그림자를 밝히는 힘은 무엇인가?"

대답은 예수님의 인내다. 그분이 견디셨기에 나도 견딜 수 있다. 그분이 끝까지 믿음을 지키셨기에 나 역시 내 삶의 경주를 끝까지 달릴 용기를 얻는다. 오늘, 내 인생의 그림자 앞에 예수님을 놓아본다. 어둠 속에서 조용히 그러나 확실하게 내 마음에 빛이 드리우는 것을 느낀다. 예수님의 인내, 그것이 내 인생의 그림자를 밝힌다.

끝까지 달리는 믿음

책상에 쌓인 메모와 노트북 화면에 떠 있는 일정표, 끝내지 못한 일들 답장하지 못한 메시지들이 마음 한구석에 짐처럼 남아 있다. 문득 '내가 잘 가고 있는 걸까?' 스스로 묻게 된다. 내가 지금 무엇을 바라보고 무엇을 붙들고 있는지 자주 잊어버리는 나를 본다. 예수님만 바라보겠다고 말하면서 실제로는 눈에 보이는 성공과 사람들의 평가에 불안해하고, 조급해하며 많은 시간을 빼앗길 때가 많다.

"믿음의 주요 또 온전하게 하시는 이인 예수를 바라보자"(히 12:2)

내가 끝까지 달릴 수 있는 이유는 내가 잘해서가 아니다. 예수님이 앞에서 기다리고 계시기 때문이다.

내가 만난 한 청년이 있다. 취업 준비를 몇 년 동안 했지만, 번번이 떨어졌다. 처음에는 '하나님이 더 좋은 길을 준비하셨겠지' 위로하며 견뎠다. 시간이 길어질수록 자신감도 떨어지고, 하나님에 대한 믿음조차 흔들렸다.

어느 날, 내게 찾아와서 마음을 털어놓았다. 모든 걸 내려놓고 싶다고 했다. 뭔가를 하고 싶은 의욕도 힘도 생기지 않는다고 했다. 하지만, 포기하지 않고 작은 카페 아르바이트를 시작했다. 아무도 알아주지 않는 일, 매일 반복되는 고단한 시간, 그 속에서 스스로 다짐했다고 한다.

"오늘 하루만 견디자, 예수님이 나와 함께하신다."

그렇게 되뇌며 인내하며 기다렸다. 몇 달 뒤, 뜻밖의 회사와 연결되어 일할 기회가 생겼다.

"대단하지 않아도 감사함으로 매일 살아가는 법을 처음 알게 됐습니다"

그 청년이 내게 전한 말이다.

어떤 분의 말이 생각난다.

"신앙은 끝을 내다보는 힘이 아니라, 끝까지 걸어가는 용기다."

예수님도 십자가 앞에서 끝을 내다본 것이 아니라, 아버지를 신뢰하며 끝까지 순종하셨다. 사람들의 조롱과 외면 속에서 하나님의 계획을 믿고 걸음을 멈추지 않으셨다. 목사인 나도 종종 내 믿음이 약해 주저앉을 때가 있다. 신앙의 경주에서 내가 진짜로 바라봐야 할 분은 예수님 한 분임을 잊지 않으려 애쓴다.

믿음의 경주는 누구와 경쟁하는 것이 아니다. 얼마나 빠르게 결승선을 통과하느냐도 아니다. 내 앞에 놓인 길에서 예수님을 생각하며 한 걸음씩 걷는 것이다. 사도 바울은 "나는 선한 싸움을 싸우고 달려갈 길을 마치고 믿음을 지켰다"라고 했다. 그 끝에 "의의 면류관"이 기다리고 있음을 확신했다(딤후 4:7,8).

신앙의 여정에도 포기하고 싶은 밤, 누구도 나를 이해하지 못할 것 같은 쓸쓸한 아침이 있다. 하지만 그 모든 시간을 지나면서 계속해서 내가 붙드는 이름은 '예수'다. 예수님은 끝까지 경주하셨다. 인내로 완주하셨고 하나님 보좌 우편에 앉으셨다. 내 인생의 결승점이 어디

3. 인내하신 예수 생각

인지 확실히 보이지 않아도 예수님이 거기에 계신다는 믿음이 오늘도 나를 다시 일으켜 세운다.

"예수님, 내가 끝까지 당신만을 바라보며 걷겠습니다."

예수를 생각하는 하루, 인내의 은혜

삶은 늘 예상하지 못한 곡선을 그린다. 오늘 기쁨이 내일엔 슬픔이 되고, 열정이 한순간에 낙심과 두려움으로 바뀌기도 한다. 사람들은 자주 "신앙은 포기하지 않는 것"이라 말하지만, 사실은 포기하고 싶은 마음과 매일 싸운다. 인내란 그저 참고 버티는 것이 아니다. 예수님처럼 앞에 놓인 기쁨을 믿으며 눈에 보이지 않는 결승선을 한 걸음씩 걸어가는 것이다.

나는 신앙의 경주에서 가끔 넘어지기도 하고 한참을 멈춰 서 있기도 한다. 그럴 때마다 히브리서 기자의 권면을 내 마음에 깊이 새긴다.

"피곤하여 낙심하지 않기 위하여 죄인들이 이같이 자기에게
거역한 일을 참으신 이를 생각하라"(히 12:3)

예수님은 가장 힘든 순간에도 하나님을 믿으셨다. 누구의 위로도 없이 홀로 십자가를 걸으셨고, 모든 고난을 견디며 부끄러움조차 아

무엇도 아닌 것처럼 의연하게 받아들이셨다. 우리가 주저앉고 싶고 포기하고 싶은 그 밤, 예수님도 그 밤을 지나셨다. 가고 싶지 않은 그 길, 예수님도 그 길을 걸으셨다. 그 끝에 앉으셔서 우리를 기다리고 계신다.

인내의 비밀은 예수님을 생각하는 데 있다. 내가 어떤 상황에 있든 그분을 묵상하고, 그분이 견디셨던 고난과 그 앞에 있던 기쁨을 함께 바라볼 때 다시 힘이 생긴다. 신앙은 결국 예수님을 따라가는 길, 내가 온전히 알 수 없는 하나님의 큰 그림 안에서 천천히, 그리고 끝까지 한 걸음씩 걷는 여정이다. 오늘도 나는 예수님을 생각한다. 그분의 인내를 붙들고 다시 내 삶의 경주를 시작한다. 포기하지 않는 이유, 끝까지 견딜 수 있는 힘은 예수님을 생각하는 것이다.

묵상과 적용을 위한 제안

1. 인생의 결승점이 보이지 않을 때에도 예수님처럼 '앞에 있는 기쁨'을 바라보며 지금 내가 걷고 있는 길의 의미를 묵상하라.

2. 낙심과 유혹이 밀려올 때 내가 무엇을 붙들고 있는지 솔직히 돌아보고, 내가 아닌 예수님의 신실하심을 신뢰하는 믿음의 시선을 다시 회복하라.

3. 오늘 하루, 끝까지 인내하신 예수님을 생각하며 지금 내 앞에 놓인 작은 걸음 하나를 믿음으로 내딛는 실천을 선택하라.

4. 순종하신 예수 생각

마태복음 26:36-39

36) 이에 예수께서 제자들과 함께 겟세마네라 하는 곳에 이르러 제자들에게 이르시되 내가 저기 가서 기도할 동안에 너희는 여기 앉아 있으라 하시고 37) 베드로와 세베대의 두 아들을 데리고 가실새 고민하고 슬퍼하사 38) 이에 말씀하시되 내 마음이 매우 고민하여 죽게 되었으니 너희는 여기 머물러 나와 함께 깨어 있으라 하시고 39) 조금 나아가사 얼굴을 땅에 대시고 엎드려 기도하여 이르시되 내 아버지여 만일 할 만하시거든 이 잔을 내게서 지나가게 하옵소서 그러나 나의 원대로 마시옵고 아버지의 원대로 하옵소서 하시고

결정적인 순간에 망설인다.

때때로 정지화면처럼 시간이 멈춰버린 것 같은 순간이 찾아온다. 나 역시 그런 밤을 경험했다. 한 통의 전화가 모든 것을 멈춰 세웠다.

"목사님, 이번 인사에서 사역지를 옮기셔야 합니다."

익숙한 얼굴들, 함께 땀 흘리며 세워온 사역, 이 모든 것을 두고 떠나야 한다는 사실이 믿기지 않았다. '지금 사역지를 옮기면 어디로 가야 한단 말인가?' 아무리 애써도 내 마음을 흔드는 두려움과 불안,

그리고 알 수 없는 압박감이 짙게 밀려오는 밤이었다. 대책 없이 흐르는 시간 속에서, '순종'이라는 단어 앞에 서야 했다.

순종.

어릴 적엔 그저 '말 잘 듣는 것' 정도로 생각했다. 그런데 나이가 들고 누군가의 인생을 이끌고 함께 가는 자리에 서게 된 지금, 순종에 대해 새롭게 깨닫는다. 순종이란 단어가 이렇게 무거운 줄 몰랐다. 나는 왜 결정적인 순간에 망설이고, 머뭇거릴까? 그때마다 그 밤, 겟세마네 동산에서 홀로 기도하던 예수님의 모습이 자꾸 떠오를까?

"아버지여, 할 수만 있으면 이 잔을 내게서 지나가게 하옵소서. 그러나 내 뜻대로 마시옵고 아버지의 뜻대로 하옵소서"(마 26:39)

예수님의 기도를 묵상하다 보면, 이런 질문을 던지게 된다.

'나는 지금 무엇을 그렇게 피하고 싶은가?'

'내가 정말 두려워하는 것은 무엇인가?'

'순종이란 내 뜻을 다 버리고, 아무런 감정도 없이 담담하게 주님의 뜻만 좇는 것일까?'

언젠가 새벽녘, 고요한 목양실에서 혼자 고민하다가 눈물이 났던 적이 있다. 목회자로 살아간다는 건, 때로 누군가의 기대와 시선과 내 안에 남아 있는 자존심이 싸워야 하는 일이기 때문이다. 나는 '믿음의 사람'으로, '담대한 사람'으로 보이고 싶지만, 내면에서는 불안과 외로움이 쌓여 있다.

예수님도 그 밤, 제자들에게 "내 마음이 심히 고민하여 죽게 되었다"라고 하셨다. 그 말씀을 읽을 때마다, 내 안의 연약함이 조금 덜 부끄러워진다. 나만이 아니라, 예수님도 같은 마음의 골짜기를 지나셨기 때문이다.

신앙생활은 결국 내 마음의 깊은 곳에서 예수님과 함께 씨름하는 시간임을 깨닫는다. 겉으로 보기에는 순종이 당연한 것처럼 보여도, 그 밑에는 복잡한 감정의 소용돌이가 있다. 그 감정과 마주할 때마다, 오히려 예수님께 더 가까이 가고 싶어진다. 예수님의 순종도 우리와 너무 다른 '완벽함'이 아니기 때문이다. 그분 역시 사람으로서의 두려움과 고뇌를 깊이 겪으셨다는 사실이 내게 큰 위로가 된다.

두려움 앞에서, 순종을 묻다.

이상하게도 내 인생의 중요한 선택 앞에 설 때마다 두려움이 먼저 찾아왔다. 잘못된 결정일까 봐, 혹은 결과가 내가 바라던 대로 흘러가지 않을까 봐. 누구나 그렇겠지만, 나는 어릴 적부터 큰 결정을 앞두고 쉽게 잠을 이루지 못하는 편이었다.

중학교 졸업을 앞두고 고등학교 진학을 고민하던 밤, 대학 입시 원서를 쓸 때, 첫 사역을 시작할 때도 그랬다. 그 시절의 두려움은 시간이 지나면 저절로 사라질 줄 알았다. 어른이 되어도 두려움은 크기만 달라질 뿐 여전히 나를 따라다닌다. 목회자가 되어 교회를 이끌어가는 지금도 어느 결정 앞에서 마음이 덜컥 내려앉는 순간이 있다.

사람들은 "믿음이 있으면 두렵지 않을 것"이라 한다. 하지만 내 경험으로는 믿음이 깊어질수록 더 섬세한 두려움이 생긴다. 단순히 실패를 두려워하는 게 아니라 하나님의 뜻을 놓치지는 않을까 하는 두려움 말이다. 내 뜻과 하나님의 뜻 사이에서 방황하는 내 마음을 바라보며 스스로 묻는다.

"나는 정말 순종할 준비가 되어 있는가?"

예수님도 겟세마네 동산에서 똑같은 질문 앞에 서셨다. 복음서를 읽다가 그 대목을 만날 때마다, 멈추고 예수님의 기도를 다시 들여다보게 된다.

> "내 아버지여, 만일 할 만하시거든 이 잔을 내게서 지나가게 하옵소서. 그러나 나의 원대로 마시옵고 아버지의 원대로 하옵소서"(마 26:39)

이 말씀을 제대로 대하기 전에는 이렇게 생각했다. 예수님이라면 십자가의 길도 담담하게 받아들이셨을 거라고. 그런데 예수님은 "내 마음이 심히 고민하여 죽게 되었다"라고 제자들에게 말씀하셨다.

그분도 나처럼 두려움을 느끼셨다는 사실에 위로를 받는다. 예수님이 겪으신 그 두려움은 막연한 것이 아니었다. 앞으로 당할 고난과 죽음, 그리고 하나님에게서 외면당하는 고통이었다. 그 고통이 자신을 압도하는 것을 느끼셨다. 예수님은 그 두려움과 맞서 싸우며, 땀이 피처럼 흐를 정도로 간절히 기도하셨다.

의사 데이비드 아쿠나가 쓴 글을 읽은 적이 있다. 그는 예수님께서 기도하시던 장면을 이렇게 설명한다.

"엄청난 정서적 스트레스와 생리적 고통이 한꺼번에 밀려올 때, 실제로 땀샘 안에 있는 작은 혈관이 터져 피가 섞인 땀이 흐르기도 한다."

예수님의 겟세마네 동산의 기도는 단순한 경건의 행위가 아니었다. 극한의 인간적 고통과 마주하는 '씨름'이었다. 예수님은 그 밤에 두려움을 피하지 않으셨다. 두려움을 있는 그대로 인정하셨다. 아버지께 털어놓으셨다. "이 잔을 내게서 지나가게 해달라"라고 솔직하게 기도하셨다. 내 기도를 돌아본다. 많은 경우, 기도를 통해 내 두려움을 감추거나 아예 외면하려고 했다. 어쩌면 예수님의 그 한마디가 내가 드려야 할 진짜 기도가 아닐까.

트라우마 치료 전문가 아운디 콜버는 말한다.

"예수님은 인간의 기준으로도 엄청난 트라우마를 겪으셨다. 하지만 예수님은 하나님이 함께하신다는 확신으로 그 트라우마를 이겨내셨다."

그렇다. 그 밤, 예수님은 기도를 통해 하나님 아버지를 신뢰하는 마음으로 충만하셨다.

예수님을 생각하다가 내 삶의 두려움과 압박, 그리고 그 앞에서 망설이는 나 자신을 다시 마주한다. 사람들은 목회자를 강한 사람, 신앙이 흔들리지 않는 사람으로 생각할지 모르지만, 내 안에도 흔들리는 마음이 있다. 순종을 결단하지 못하고 머뭇거렸던 수많은 밤, 내 뜻과 하나님의 뜻 사이에서 씨름하던 내 마음의 소리를 예수님의 기도 속에서 발견한다. 나는 종종 내 뜻이 더 좋아 보일 때가 많았다. 내가 원하는 방향, 내 계획이 더 합리적이고, 더 안정적으로 느껴졌다. 인생이 뜻대로 풀리지 않을 때가 되어서야 비로소 내 뜻을 붙잡는 손을 조금씩 내려놓았다. 그때 진짜 기도의 자리로 돌아올 수 있었다. 그 자리에서 예수님이 하셨던 것처럼 내 두려움을 아버지께 맡기고, 내 고집과 생각을 잠시 내려놓는 기도를 해야 했다.

순종이란 감정이 없는 복종이 아니다. 억지로 참고 견디는 것도 아니다. 순종이란, 내 두려움과 혼란을 아버지께 있는 그대로 털어놓고, 하나님의 선하심을 믿기로 선택하는 용기다.

다그 함마슐트라는 분의 기도문이 생각난다.

"지나간 모든 것에 감사하며, 앞으로 다가올 모든 것에 '예'라고 대답하겠습니다."

이 문장은 내게 큰 울림이 되었다. '예'라고 말하는 것이 생각보다 어렵다는 걸 안다. 하고 싶은 말, 해야 할 말이 있음에도 "예"라고 대답하는 게 쉽지 않다. 순종의 '예'는 내 인생의 편안함보다 하나님의 뜻을 더 신뢰한다는 작은 고백이다.

오늘도 마음 한구석에 자리한 두려움과 마주하며, 예수님을 생각한다. 그분이 겪으셨던 깊은 고민, 그 고요한 밤의 씨름, 마지막에 들려온 "아버지, 내 뜻이 아니라 아버지의 뜻대로 하옵소서"라는 기도. 두려움 앞에서 내가 할 수 있는 유일한 일은 내 뜻을 잠시 내려놓고, 하나님을 신뢰하는 작은 순종의 걸음을 내딛는 것이다.

씨름하는 밤, 나의 이름이 바뀌다.

언젠가 내 인생에 큰 변곡점이 찾아왔던 밤이 있었다. 한참을 뒤척이다가 이대로는 안 되겠다 싶어 일어나 책상 앞에 앉았다. 나름대로 성실하게 살아왔다고 생각했다. 사람들과의 관계에서, 교회와 가정에서, 목회자로서도 늘 책임감 있게 살려고 애썼다. 하지만 한 번씩 내 인생을 돌아보면 '나는 왜 이렇게 부족할까', '도대체 나는 누구인가'라는 질문이 자꾸 떠오른다.

그럴 때면 야곱의 이야기가 생각한다. 어릴 때부터 야곱이라는 인물에게 특별한 애정을 느꼈다. 그는 속이는 자, 욕심 많은 자, 늘 무언가를 빼앗고 싶어 안달이 난 사람이다. 형의 장자권을 속여 빼앗고, 아버지의 축복도 거짓말로 얻었다. 가족들 사이에서, 심지어 하나님 앞에서도 자신의 힘으로 모든 것을 얻으려 했던 야곱이다. 그런 야곱이 인생에서 가장 힘든 밤을 만난다. 가장 두려운 순간, 형 에서와의 대면을 앞둔 그 밤이다. 야곱은 억지로라도 자신을 붙잡아 줄 뭔가가 필요했다.

그 밤, 야곱은 이름 모를 이와 씨름하기 시작했다.

"야곱이 홀로 남았더니 어떤 사람이 날이 새도록 야곱과 씨름하다가…"(창 32:24)

그 씨름은 몸의 힘만이 아니라, 마음의 힘이 다 빠질 때까지 계속되는 내면의 싸움이었다.

나도 종종 그런 밤을 보낸다. 사람들에게 보이지 않는 내 속의 고민, 나 자신을 인정하고 싶지 않은 열등감, 사람들의 시선과 내면의 상처 사이에서 온몸이 무거워지는 밤을 보낸다. 기도의 자리에서조차 마음이 들키는 것 같아 머뭇거릴 때가 있다. 나는 야곱처럼 집요하게 "하나님, 제발 이 상황을 바꿔주세요"라고 매달린다.

씨름의 밤이 끝나갈 무렵, 하나님은 야곱에게 아주 이상한 질문을 던지셨다.

"네 이름이 무엇이냐?"

이 질문이 무슨 의미일까? 하나님이 야곱의 이름을 몰라서 묻는 것이 아니다. 야곱이 직접 자신의 이름을 말하게 하셨다. 스스로 자신을 인정하게 하려는 것이다.

"야곱입니다."

속이는 자, 잡는 자. 그 이름을 말하는 순간, 야곱의 내면에 오랫동안 붙들고 있던 자존심과 고집이 스르르 풀려버렸다. 하나님은 이어서 말씀하셨다.

> "이제부터 네 이름은 야곱이 아니라 이스라엘이다. 이는 네가 하나님과 겨루어 이겼기 때문이다"(창 32:28)

나의 '이름'은 무엇일까. 내가 진짜 붙들고 살아온 것은 이름은 무엇이었나? 종종 목사라는 이름, 아버지라는 이름, 누군가의 기대에 부응하는 '좋은 사람'이라는 이름이 나를 지탱해주는 줄 알았다. 나도 내 이름을 솔직하게 말해야 한다. 상처받은 사람, 불안한 사람, 하나님 앞에서조차 자꾸 감추고 싶은 사람. 야곱의 씨름은 내 씨름이다.

월터 브루그만은 야곱의 씨름을 이렇게 해석한다.

"하나님과의 씨름은 하나님을 이기는 싸움이 아니라, 자기 자신을 이기는 싸움이다. 그 싸움이 끝난 후에야 진짜 하나님의 사람으로 살아갈 힘을 얻게 된다."

나 역시 씨름의 밤을 통과하며, 비로소 하나님 앞에서 정직해지는 법을 배운다. 그 밤, 야곱은 허벅지 관절이 부러져 절뚝거리게 되었다. 이제는 스스로의 힘으로 살 수 없다는 것을 몸으로, 마음으로 깨닫게 된 것이다.

'이스라엘'. 하나님과 겨루어 이긴 사람.

그 밤의 승리는 야곱이 하나님의 팔을 비튼 것이 아니라, 자기 힘을 내려놓고 하나님께 붙들린 인생이 되기로 결단한 데 있다.

내 마음속에 작은 변화가 찾아왔다. 하나님께서 내 이름을 불러주시는 그 경험을 통해서다.

그 밤은 모두가 통성으로 기도하고 있었다. 하지만 나는 기도할 수 없었다. 마음이 좀처럼 열리지 않았다. 기도하면 분명히 그를 용서하고 더 품어주어야 한다는 말씀을 듣게 될 것이고, 나도 그렇게 하겠노라고 고백해야 하기 때문이다. 그렇게 한참을 머뭇거리고 있는데 "너 예수께 조용히 나가 네 마음을 쏟아놓아라"라는 찬양이 들렸다. 지금 마음을 쏟아놓지 않으면 안 된다는 생각이 마음을 사로잡았다. 결국 마음을 쏟으며 기도하기 시작했다. 그렇게 한참을 기도하는데 주님의 음성이 들렸다.

'너는 내 사람, 내 다 안다.'

순종은 여기서 시작된다고 믿는다. 먼저 속마음을 인정하고, 내 힘과 고집을 내려놓는 것이다. 야곱이 하나님 앞에 자신의 본모습을 드러내고 새 이름을 받은 것처럼, 나 역시 내 불안과 연약함을 인정하는 자리에서 비로소 하나님께 순종할 수 있다.

씨름의 밤이 끝나면, 내가 누구인지 남의 시선이나 세상의 기준에 기대지 않는다. 하나님이 불러주시는 새로운 이름, 그 사랑에 기대어 조금씩 천천히 순종의 길을 걷는다. 내가 붙들고 살았던 옛 이름, 옛 자존심, 그 모든 것을 하나님께 맡기는 연습이다. 이제는 내 힘이 아니라 하나님이 주시는 은혜에 붙들려 살아가는 인생이 되고 싶다.

아직 풀리지 않은 문제, 여전히 내 안에서 소리치는 욕심과 두려움이라는 씨름이 지금도 계속해서 나를 찾아오고 있다. 그러나 나는 그 씨름의 밤을 피하지 않는다. 오히려 그 밤에 하나님이 나를 만나 주신다는 믿음으로 조용하고 정직하게 내 마음을 내려놓는다. 나의 이름이 바뀌는 밤을 기대한다. 하나님이 함께하시고, 나의 씨름 끝에서 새로운 길을 여실 것을 믿는다.

"내 이름을 불러주세요. 나는 오늘, 당신의 사람으로 살고 싶습니다."

잠든 제자, 깨어 있는 사랑

왜 같은 반복적으로 실패하는 걸까. 똑같은 결심을 몇 번이고 되뇌어도, 어느 순간 현실에 밀려 다시 예전으로 돌아가는 나 자신을 발견한다. 매일 아침 일어나면 하나님 앞에 더 가까이 가고 싶다는 마음을 품지만, 일과에 치이고, 감정에 치여 저녁이 되면 피곤함에 져 버린다.

이따금 군대 시절의 제식훈련이 떠오른다. 아침마다 일렬로 줄을 서서, 차렷, 열중쉬어, 경례, 우향우, 좌향좌…. 지루하고 단순한 동작을 끝없이 반복했다. 처음엔 그 훈련이 무슨 의미가 있나 싶었다. 하지만 시간이 지나면서 알게 되었다. 반복되는 훈련이 몸에 익을 때, 상황이 갑자기 변해도 몸이 기억한 대로 움직인다. 순간적인 위기 앞에서도, 머리가 아니라 몸이 먼저 반응한다.

제식훈련의 목적은 '명령에 즉각적으로 반응하는 습관'을 만드는 데 있다. 신앙생활도 그렇다. 하나님의 말씀을 듣고, 순종하겠다고 마음은 먹지만, 막상 일상의 파도 앞에서 자주 주저앉는다. 말씀을 묵상하며 결심한 지 얼마 되지 않았는데도 이미 예전 습관과 생각으로 돌아와 있다.

제자들도 그랬다. 예수님이 마지막 밤, 겟세마네 동산에서 기도하실 때 가장 가까운 곳에 있던 세 명의 제자조차 피곤에 지쳐 잠들어 버렸다. 예수님은 그들에게 "나와 함께 깨어 있으라"고 부탁하셨다. 그러나 제자들은 그 부탁조차 감당하지 못하고 잠에 빠져들었다. 예수님을 따르겠다며 큰소리쳤던 베드로조차 육신의 연약함을 이기지 못했다.

나도 그들과 다르지 않다. 신앙의 결단은 강렬했지만, 지나고 나면 어느새 잠든 제자처럼 게으르고 연약한 것이 내 모습이 있다. 기도의 자리에서 금방 산만해지고, 말씀에 아무리 은혜를 받아도 다음 날이면 아무 일 없던 것처럼 다시 돌아가 버린다.

'나는 왜 이렇게 약할까.'

'하나님은 나 같은 사람을 두고 실망하시지 않을까.'

예수님은 잠든 제자들에게 실망만 하신 것이 아니었다. 복음서 곳곳에서 예수님은 연약함을 이해하셨고, 오히려 그 약함을 품으셨다. 예수님은 고난을 앞두고 고민과 슬픔에 잠겨 있었다.

"내 마음이 심히 고민하여 죽게 되었다"(마 26:38)

이 절망의 시간에 함께 있어 달라고 부탁하셨다. 예수님은 인간적인 위로, 동행이 필요했다. 하지만 제자들은 그 요청을 지키지 못했다. 이 말씀에 위로를 받는다. 예수님은 제자들의 연약함을 다 아셨음에도 끝까지 그들과 함께하셨다. 한 번의 실패로 관계를 끊지 않으셨다. 오히려 다시 "일어나라, 함께 가자"라고 말씀하셨다.

다그 함마슐트의 삶은 순종의 '예'가 무엇인지를 가르쳐준다. 그는 거창한 업적보다 매일 반복되는 말씀묵상과 기도 속에서 순종을 배워가는 여정을 살았다. 어떤 일에든 '예'라고 대답하는 훈련을 통해 자신의 삶이 의미 있어지는 것을 깨달았다. 그는 말한다. "신앙은 한 번의 결단으로 끝나지 않는다. 매일 아침, 매 순간, 잠든 제자를 다시 깨워 기도하게 하시는 주님의 부르심에 답하는 작은 반복에서 시작된다."

시편 119편은 말한다.

"주의 말씀은 내 발에 등이요, 내 길에 빛이니이다"(시 119:105)

나는 여전히 자주 어둠 속에서 헤맨다. 때론 한 치 앞도 보이지 않아 불안해하며 멈춰 서기도 한다. 하지만 말씀이 등불처럼 내 앞길을 비출 때, 다시 한 걸음 내디딜 힘이 생긴다. 연약함은 부끄러운 것이 아니다. 오히려 예수님 앞에서는 내 연약함을 솔직히 드러내야 한다.

때로는 신앙생활의 반복이 지루하게 느껴진다. 설교를 듣고, 기도하고, 말씀을 읽는 것이 그저 일상의 습관처럼 느껴질 때도 있다. 그러나 그 습관이 내 영혼의 제식훈련이 되어 결정적인 순간에 하나님의 뜻에 반응하는 힘이 된다.

잠든 제자의 자리에서 깨어 있는 사랑을 배운다. 내가 잠든 사이에도 예수님은 나를 포기하지 않으시고 조용히 끝까지 함께 하신다. 오늘도 순종의 길을 걷는다. 실수해도 괜찮다고 포기하지 말라고 하시는 예수님의 말씀을 의지하며.

아버지의 품에서, '예'라고 말하다

나에게는 지금도 잊히지 않는 어린 시절의 한 장면이 있다. 어릴 때 유난히 밤을 무서워했다. 잠자리에 들면, 방 안이 조용해질수록 어디선가 알 수 없는 두려움이 스멀스멀 올라왔다. 두 눈을 질끈 감고 이불을 머리까지 뒤집어쓰고 버텼지만, 어느 순간엔 도저히 견딜 수가 없었다. 그럴 때면, 아버지의 방문을 조심스레 열었다.

아버지의 품에 안기는 순간, 온몸이 풀어지며 따스한 안도감이 밀려왔다. 세상에 더 두려울 게 없을 것만 같던 그 기분이 지금도 또렷하다. 지금까지 살아오면서 여전히 크고 작은 두려움을 마주한다. 목회자의 삶에서도, 누구에게 말 못 할 무게를 홀로 짊어질 때 내가 찾고 싶은 것은 어릴 적 아버지의 품 같은 절대적인 신뢰와 평안이다.

예수님이 겟세마네에서 드렸던 기도는 나에게 아버지의 품을 다시 생각하게 한다.

"아빠, 아버지여, 아버지께는 모든 것이 가능하오니 이 잔을 내게서 옮기시옵소서. 그러나 나의 원대로 마시옵고 아버지의 원대로 하옵소서"(막 14:36)

이 짧은 기도 안에 '아버지'라는 호칭이 네 번이나 반복된다. 이 구절을 읽을 때마다 예수님이 아버지를 얼마나 의지하고 있었는지 느끼게 된다.

예수님은 아버지를 잘 아는 분이셨다.

"본래 하나님을 본 사람이 없으되 아버지 품 속에 있는 독생하신 하나님이 나타내셨느니라"(요 1:18)

예수님은 아버지의 마음을 가장 잘 아셨고, 그 품을 누구보다 가깝게 경험하셨다. 그러나 그 밤, 예수님도 두려움에 떨었다. 고통을 피하고 싶은 마음으로 고난의 잔을 지나가게 해달라고 하셨다. 예수님은 마지막 한 마디를 남기셨다.

"그러나 나의 원대로 마시옵고, 아버지의 원대로 하옵소서"(마 26:39)

이 고백이 얼마나 큰 신뢰와 용기에서 나왔는지 자꾸 생각하게 된다. 순종이란 결국 내 뜻을 억지로 꺾는 것이 아니다. 아버지의 품에 내 모든 것을 위탁하는 신뢰의 선택이다. 단순한 복종이 아니라 아버지께 내 인생 전체를 내어 맡기는 평안과 자유의 시작이다.

내 삶이 내 뜻대로 풀리지 않을 때, 불안과 초조함에 휩싸일 때 기도의 자리에서 아버지의 품을 떠올려 본다. 어린 시절 아버지의 품에서 누렸던 그 평안처럼 하나님의 품에 안길 때 내 마음이 비로소 잠잠해진다. 기도는 내 힘을 내세우는 자리가 아니다. 오히려 내 힘으로는 도저히 해결할 수 없는 상황을 솔직하게 내어놓고 하나님의 뜻을 신뢰하는 자리다. 내 뜻이 꺾이고, 나의 자존심이 무너질 때 하나님이 나를 안아주시는 경험을 하게 된다. 내가 살아오며 겪은 가장 큰 변화는 아버지께 모든 걸 맡기는 순간 내 마음이 자유로워진다는 것이다.

"아버지, 이제 제 뜻을 내려놓겠습니다. 주님이 원하시는 대로 이끌어주세요."

이 한마디에 내 모든 걱정과 불안이 조금씩 풀어지는 것을 경험했다. 신앙생활에서 순종은 명령에 따르는 군대식 복종이 아니다. 내가 온전히 신뢰할 수 있는 분 앞에 나를 내려놓는 용기다. 그 품에 기꺼이 기대는 평안이다.

나는 오늘도 내 뜻이 아니라, 아버지의 뜻이 이루어지기를 기도한다.

예, 아버지.

지나온 나의 영혼의 사계절을 돌아본다. 삶의 결정을 앞두고 흔들리던 두려움, 내 안의 욕심과 싸우며 밤을 새웠던 순간, 잠든 제자처럼 자주 넘어지고 주저앉던 시간, 그리고 결국에는 아버지의 품에 안겨 모든 것을 맡기며 "예, 아버지"라고 고백했던 순간까지. 예수님의 겟세마네 이야기가 나와 멀리 떨어진 이야기가 아니라는 것을 다시 확인하게 되었다.

순종의 여정은 내 뜻을 억지로 꺾는 싸움이 아니라, 내 뜻과 고집, 두려움과 상처까지 모두 하나님께 내어 맡기며 그분을 신뢰하는 것이다. 나는 여전히 두려움 앞에 선다, 마음속 깊은 곳에서 씨름하며 울기도 한다. 반복되는 실패와 실수 앞에서 잠시 주저앉기도 한다.

그런 순간마다 겟세마네에서 씨름하신 예수님을 묵상한다.

나와 같은 마음을 품으셨던 예수님, 나처럼 연약했던 제자들을 끝까지 품으신 예수님. 내가 할 수 있는 건 크고 완벽한 순종이 아니다. 오늘 하루 내 앞에 놓인 자리에서 "예, 아버지"라고 작은 목소리로 고백하는 것이다. 그 고백 한 마디에 하나님이 내 모든 길을 이끌어주실 것을 믿고 용기를 내어 순종의 길을 걸어간다.

예수님이 걸으셨던 순종의 길, 나도 그 뒤를 따라 한 걸음씩 걸어야 한다. 순종은 결코 완벽해서 가능한 게 아니다. 사랑과 신뢰, 그리고 아버지의 품을 믿는 고요한 용기에서 시작된다는 것을 이 여정을 통해 다시 배운다. 오늘도 내 뜻보다 하나님의 뜻이 내 삶에 이루어지기를 소망한다. 나는 예수님을 생각한다. 순종하신 예수님, 아버지의 품에 안기셨던 그분처럼 나도 그 품에서 새로운 하루를 시작하기를.

묵상과 적용을 위한 제안

1. 결정의 순간마다 겟세마네의 예수님을 기억하며, 지금 내가 외면하고 싶은 두려움과 마주하고 있는 그대로 하나님께 드리는 기도를 드려 보라.

2. 내 뜻과 하나님의 뜻 사이에서 망설이고 있다면, 내 안의 욕심과 불안을 솔직히 인정하고 하나님 아버지의 선하심을 신뢰하는 순종의 마음을 다시 회복하라.

3. 오늘 하루, 완벽한 순종이 아니라 작고 진실한 고백 하나로 "예, 아버지"라고 말하며 주님의 뜻에 응답하는 삶의 자세를 선택하라.

5. 공감하신 예수 생각

누가복음 7:11-15

11) 그 후에 예수께서 나인이란 성으로 가실새 제자와 많은 무리가 동행하더니 12) 성문에 가까이 이르실 때에 사람들이 한 죽은 자를 메고 나오니 이는 한 어머니의 독자요 그의 어머니는 과부라 그 성의 많은 사람도 그와 함께 나오거늘 13) 주께서 과부를 보시고 불쌍히 여기사 울지 말라 하시고 14) 가까이 가서 그 관에 손을 대시니 멘 자들이 서는지라 예수께서 이르시되 청년아 내가 네게 말하노니 일어나라 하시매 15) 죽었던 자가 일어나 앉고 말도 하거늘 예수께서 그를 어머니에게 주시니

진짜 위로는 무엇일까?

오늘날은 짧은 메시지와 빠른 속도에 익숙해 있다. 누군가의 긴 한숨에 제대로 귀 기울여 본 적이 언제였는지 돌아본다. 주변을 둘러보면 다들 지쳐 있는 거 같다. 나만 그런 게 아니다. 피곤하다는 말이 입버릇이 되고 일상이 되어버렸다. 내 슬픔을 말할 공간도, 누군가의 아픔을 마주할 힘도 점점 사라져 간다.

복음서에서 만난 예수님의 모습은 단순하고, 복잡하지 않다. 한 번

도 바쁘다고 핑계 대지 않으셨다. 누군가가 울 때, 그 옆에 먼저 멈춰 서셨다. 누군가가 외로울 때, 그 곁에 다가가 말을 거셨다. 친구처럼, 가족처럼 자신의 마음을 온전히 쏟으셨다.

  예수님은 누군가의 '고통의 자리' 한가운데 계셨다. 단순한 동정이 아니다. 누군가의 슬픔에 '나도 안다'라며 섣불리 조언하지 않으셨다. 조용히 곁에 앉아서 마음의 무게를 함께 느끼는 친구셨다. 울 수밖에 없는 자리에서 '울지 말라' 하셨던 그 한마디는 평소 내가 내뱉던 영혼 없는 위로의 말과는 차원이 다르다. 모든 것을 아시는 분의 깊은 연민이고, 절실한 사랑이다.

  나에게 묻는다.

  '진짜 위로는 무엇일까?'

  누군가가 내 아픔을 없애주는 것일까? 아니면, 내 옆에 함께 앉아 고통을 나누는 것일까? 내가 경험한 위로는 고통의 이유를 설명하는 것이 아니라, 내 마음에 함께 머물러 주는 것이었다. 함께 머무는 것이 공감의 시작이다. 공감은 그래서 능력이다. 공감은 감정을 나누는 게 아니라, 내 존재가 누군가에게 의미 있음을 확인시키는 일이다. 그의 약함, 그의 부족함, 그의 외로움 속에서 "나는 네 곁에 있다"라고 말해 주는 것이다.

  예수님을 생각해본다. 공감의 대가이신 그분이 내 곁에 계신다. 내 인생의 모든 고통 한가운데서 먼저 찾아오셨다.

공감의 결핍과 피로 속에서

〈비밀의 숲〉이라는 드라마를 보았다.

주인공 황시목 검사는 감정을 느끼지 못하는 사람이다. 뇌수술 후유증 때문이다. 그는 정의를 위해서만 달려간다. 사건의 본질을 파헤치는 데는 탁월하지만, 사람의 아픔에는 둔감하다. 누군가의 눈물을 이해하지 못하는 황시목을 보며, 내 안의 냉랭함을 들킨 것처럼 불편했다. 반면, 또 다른 주인공 한여진 경위는 늘 공감을 앞세운다. 피해자에게 다가가 천천히 말하라고, 지금은 괜찮다고 말한다.

나는 요즘 황시목처럼 사는 건 아닐까. 타인의 아픔에 너무 무감각해진 건 아닐까. 한여진처럼 다정하게 위로해 본 적이 언제였는지 기억이 잘 나지 않는다.

드라마 속 한 대사가 생각난다.

"사람이니까 도와야죠."

한여진의 그 한마디는 공감에 대해 생각하게 했다. 사람이라면 마땅히 해야 할 일이라는 것이다. 그런데 나는 어쩌다 이 단순한 진실을 잊고 살고 있을까.

정보의 홍수 속에서 점점 지쳐간다. 하루에도 수십 번씩 재난, 사고, 불행한 소식을 접한다. 처음엔 마음이 아프지만, 자주 듣다 보면 그저 '또 하나의 뉴스'가 된다. 사고 현장에서 도와주기보다 스마트폰으로 사진을 찍는 사람들을 보면 화가 나지만, 나도 다르지 않을 것 같다.

누군가는 이런 현상을 "공감 피로"라고 부른다. 오래 타인의 고통에 노출되면, 결국 내 감정도 고갈된다는 것이다. 상담사, 간호사, 복지사처럼 사람의 아픔을 매일 만나는 이들만의 문제가 아니다. 이젠 평범한 일상 속 모든 사람에게 일어나는 일이다.

누군가의 고통에 힘을 내어 다가가기 힘든 시대를 살고 있다. 내가 받은 상처만으로도 벅찬데, 타인의 아픔까지 짊어질 여유가 없다. 어쩌면 내가 무감각해지는 것은 내 마음을 지키기 위한 본능일지도 모른다. 그런 마음의 벽이 높아질수록 내 삶은 점점 더 외로워진다.

버락 오바마의 말이 생각난다.

"진정한 변화는 다른 사람의 입장이 되어 세상을 볼 수 있을 때부터 시작된다."

나는 가끔 오바마의 말에 동의하지 못할 때가 있다. 세상 모든 사람의 입장이 되어 생각한다는 것은 너무 벅차게 느껴지기 때문이다.

그런데 공감의 힘은 생각보다 단순한 데서 시작한다. 한 사람의 아픔 앞에 잠시 멈추는 것이다. 내가 다 이해하지 못해도 곁에 앉아주는 것이다.

미켈란젤로의 걸작이 무참히 부서진 적이 있다고 한다. 박물관은 그 작품을 복원하기 위해 많은 시간을 쏟았다. 그들은 깨진 조각을 앞에 두고, 몇 달간 그저 감상만 했다고 한다. 그저 바라보는 시간, 그것이 진짜 복원의 시작이었다. 마리아의 눈물. 예수님의 상처. 그 마음을 충분히 느끼고 나서야 조각가들은 진짜 복원에 들어갔다고 한다.

공감은 그래서 기다림이다. 먼저 마음을 내어주는 시간이다. 나는 가끔 내 마음의 파편을 들여다본다. 공감받지 못한 시간, 외로움 속에 남겨진 감정들을 말이다. 내 이야기를 들어 줄 이가 없었던 그 시간을, 내 아픔에 진심으로 자기 일을 멈추고 곁에 있어 주었던 사람을 생각해본다. 내 마음을 알아주는 사람이 없을 때만큼 힘든 순간도 없다. 고통의 원인을 설명해 주거나 문제를 해결해주는 것만이 위로는 아니다. 진짜 위로는 내 옆에 함께 머물고 내 슬픔을 함께 느껴주는 그 한 사람이다.

오늘, 공감의 결핍과 피로 속에서 예수님을 생각해본다. 예수님은 늘 누군가의 고통 한가운데로 들어오셨다. 다른 사람이 외면하는 자리에 먼저 다가가셨다. 예수님의 공감은 그렇게 시작되었다. 그분은 지금도 내 마음의 벽 뚫고 조용히 걸어 들어오신다.

상처받은 마음에 다가오시는 예수

세상을 살다 보면 도무지 위로받을 수 없는 순간이 있다. 모두가 곁에 있지만, 정작 나만 혼자 남겨진 것 같은 때가 있다. 내 아픔이 누구에게도 제대로 전해지지 않아 답답한 순간도 있다. 그때는 손끝

하나 들어 올릴 힘도 없다. 내가 겪은 슬픔을 아무도 모를 것이다. 가끔은 누군가 다가와 위로하지만, 그 말 한마디가 오히려 더 아프게 남는다.

"힘내라."

"괜찮다."

"시간이 지나면 나아질 거야."

누구나 할 수 있는 말이지만 내 마음 깊은 곳을 만져줄 수는 없는 말들이다.

어느 성도님의 이야기가 생각난다. 어릴 적 할머니와 함께 살았다고 한다.

어느 겨울 저녁, 친구들과의 다툼 끝에 동네 어귀에서 서럽게 울고 있었다. 집으로 돌아가고 싶지 않았다. 아무도 자기 마음을 알아주지 못할 거라는 생각 때문이었다. 할머니가 조용히 앞에 앉으시고는 아무 말 없이 손을 잡아주셨다.

할머니의 손이 어떤 말보다 위로가 되었다고 한다. 세월이 지나 다 큰 어른이 되었지만, 할머니의 그 손을 생각하면 지금도 힘이 난다고 했다.

나인성 과부가 살아온 삶이 어땠을까? 남편을 먼저 떠나보낸 후. 하나뿐인 아들을 붙들고 살아왔을 것이다. 아들은 그녀의 마지막 희망이었다. 전부였다. 그런 아들이 죽었다. 장례 행렬을 따라가는 그녀의 얼굴에 얼마나 많은 눈물이 흐르고 있었을까. 그 슬픔 속으로 예수님이 다가가셨다.

"주께서 과부를 보시고 불쌍히 여기사 울지 말라 하시고"(누가복음 7:13)

예수님의 시선을 생각해보았다. 예수님의 시선이 머문 곳은 달랐다. 수많은 무리 속에서도 한 여인의 고통에 멈추셨다. 아들의 관이 아니라 눈물로 얼룩진 어머니의 얼굴에 머무셨다. 예수님은 슬픔을 보셨다. 누구보다 빨리, 누구보다 깊게 시선을 고정하셨다. 울음의 자리, 절망의 한복판에서 말씀하셨다.

"울지 말라."

이 짧은 말이 때론 부담스럽다.

'정말 내 슬픔을 아는 걸까?'

'무슨 자격으로 울지 말라고 말하는 걸까?'

예수님의 "울지 말라"는 말씀은 그동안 많은 사람에게서 들었던 "울지 말라"라는 말과는 차원이 달랐다. 그분은 왜 우는지, 얼마나 슬픈지 다 알고 계셨다. 많은 사람이 과부의 슬픔을 따라왔지만 아무도 그 슬픔 안으로 들어가지 않았다. 예수님만이 직접 들어가셨다. 예수님만이 그녀를 도와줄 수 있기 때문이다. 예수님은 슬픔을 외면하지 않으시고, 장례 행렬을 멈추게 하셨다.

예수님의 시선이 머무는 곳은 상처받은 마음이다. 마음이 무너지는 바로 그 자리에 찾아오신다. 시신이 든 관에 손을 대는 일은 그냥 위로가 아니다. 예수님은 유대 율법에서 부정하게 되는 것을 무릅쓰고 죽은 자에게 손을 대셨다. 예수님은 세상의 시선과 규범을 뛰어넘으셨다.

나는 '누가 내 고통을 알아줄까'라는 질문 속에 살아왔다. 아무도 내 마음을 이해하지 못할 것 같았다. 그래서 혼자 참고 견디는 법을 어려서부터 배웠다. 또 그렇게 참으면 철이 들었다며 칭찬받았다. 그래서 더 내 감정을 숨겨야 했다. 그러다가 누군가가 나를 조금이라도 이해해주면 이유 없는 눈물이 앞을 가리곤 했다.

예수님을 만난 뒤로 달라졌다. 그때부터 지금까지 예수님은 언제나 내 편이시다. 내 상처의 자리, 내 눈물의 한가운데 오셨다. 나는 이 찬송을 좋아한다.

찬송가 83장.

나의 맘에 근심 구름 가득하게 덮이고

슬픈 눈물 하염없이 흐를 때

인자하고 부드러운 음성으로 부르사

나를 위로할 이 누가 있으랴

주 예수 밖에 누가 있으랴

슬퍼 낙심될 때 내 친구 되시는

구주 예수밖에 다시 없도다

5. 공감하신 예수 생각

이 찬송을 부르며 수많은 밤을 견뎠다. 고통이 사라지지 않아도, 예수님의 손길이 내 곁에 있음을 느낄 때 눈물이 멈추었다. 예수님은 내 슬픔을 그냥 듣고 넘기지 않으셨다. 그분은 내 마음의 짐을 함께 드는 분이셨다.

"청년아, 내가 네게 말하노니 일어나라"(눅 7:14)

그 한마디는 슬픔을 멈추고, 절망의 자리에 생명을 다시 피워내는 위로였다.

손을 내미시는 예수

모두의 마음에는 장벽이 있다. 아주 오랫동안 세워온 쉽게 무너뜨릴 수 없는 두려움과 습관의 벽 말이다. 상처받을까 두려워서, 남의 고통에 휘말릴까 무서워서 조심스럽게 마음을 닫았던 벽도 있다. 다른 이의 슬픔이 내 일상이 될까 봐, 또 내 부족함이 드러날까 봐 세워둔 벽이 있다.

당시 유대 율법에서 죽은 자의 시신을 만지는 것은 부정한 일이다. 관에 손을 대는 것조차 누군가의 시선을 두려워해야 하는 일이었다. 예수님도 율법을 모르실 리 없었다. 하지만 예수님은 사람들의 시선을 신경 쓰지 않으셨다. 당연한 경계와 반드시 지켜야 할 규범조차 상처받은 한 사람의 고통 앞에서는 그저 넘어서야 할 '벽'에 불과했다.

"내가 예수님이라면, 그 자리에 멈춰 설 수 있었을까?"

수많은 이들의 시선, 경건한 종교인의 기준, 함께 있던 무리의 당황스러움 속에서 과연 한 과부의 고통을 위해 모든 것을 뛰어넘을 용기를 발휘할 수 있을까? 예수님은 거리낌이 없었다. 슬픔을 보셨고, 곧장 그 슬픔 한가운데로 걸어 들어가셨다. 누가 뭐라 하든 상관없이 마음이 이끌리는 대로 행하셨다. 공감이란 내 안전과 체면을 내려놓고 누군가에게 다가가는 것이다.

나의 일상에도 작은 '율법'이라는 장벽들이 있다. 회사에서, 교회에서, 가정에서, '이 정도까지만', '그 이상은 힘들다'라고 마음을 닫는 순간들이 있다. 상처받지 않으려 애쓰고, 누군가의 아픔을 모르는 척 지나쳤던 날도 있다. '이게 내 몫이 아니니까' '내가 모두 도와줄 순 없으니까'하는 변명으로 속마음을 숨겼던 때도 있다. 나는 그렇게 내 마음의 경계선을 지키기 위해 벽을 허물지 않았다.

공감은 그래서 불편하다. 누군가의 아픔에 다가가는 일은 내 시간을 내주고, 내 마음을 내놓아야 하는 일이기 때문이다. 내 삶의 벽을 무너뜨려야 하기 때문이다. 때로는 내 삶의 질서가 무너질 수도 있고, 내 평화가 흔들릴 수도 있다. 하지만 예수님은 그 모든 것을 넘어서셨다.

한 유명한 상담사의 이야기가 떠오른다.

"진짜 상담은 상담자의 심장이 깨질 각오가 되어 있을 때 시작된다."

상담자의 고통과 두려움까지도 내놓아야 비로소 진짜 만남이 이루어진다는 말이다. 예수님의 공감이 바로 그랬다. 관습과 법, 체면과 안전을 모두 내려놓고 상처받은 이의 곁에 직접 손을 내미셨다. 예수님은 아픔을 먼발치에서만 바라보지 않으셨다.

내 어두운 구석, 사람들이 꺼리는 자리, 내가 누구에게도 말하지 못하는 그 부분까지도 직접 손을 내미는 분이 예수님이다. 그분의 사랑은 언제나 벽을 넘는 사랑이었다. 마치 피에타 상을 복원하던 조각가들처럼 말이다. 먼저 아픔을 오랫동안 바라보고 그 눈과 마음으로 깨어진 조각을 쓰다듬듯 예수님은 내 마음의 파편을 어루만지신다. 내가 가장 부끄러워하는 자리, 세상이 외면하는 아픔 속에서 예수님은 나를 위해 부정해질 각오로 손을 내미신다.

"내가 네 곁에 있다."

죽어 차갑게 식어버린 청년을 만진 그분의 손길이 닿는 내 마음에 순간, 내 얼어붙은 마음에도 온기가 도는 것을 느낀다.

공감이란 '함께 짊어지는 것'이다. 고통을 없애주는 게 아니라, 그 짐을 같이 들어주는 것이다. 예수님이 보여주신 공감은 먼저 나서서 짐을 지는 사랑이다. 율법보다 질서보다 자신의 안전보다 더 귀하게 여긴 사랑이다.

예수님의 공감하시는 손길을 생각해본다. 내 장벽 너머로 다가와 내 아픔을 만져주신 예수님의 그 공감의 손길 말이다. 나도 누군가의 고통을 외면하지 않고 손을 내밀 수 있으면 좋겠다. 공감은 습관이 아니다. 공감은 결단이다. 예수님처럼 내 안전과 체면과 내 규범을 내려놓고 상처받은 이의 곁에 멈춰 설 수 있는 용기다. 세상 모든 벽을 넘어 나에게로 와주신 그 사랑을 생각하며 누군가에게 그렇게 손을 내밀 수 있어야 한다.

공감받은 삶에서 공감의 사람으로

내가 살면서 받은 위로 중 가장 깊이 남는 것은 힘든 이유를 설명해 준 조언도, 대단한 기적도 아니다. 내 곁에 머물러 준 사람, 내 이야기를 들어준 그 사람이 내 삶의 가장 큰 선물이 되었다.

예수님은 내 고통의 원인을 따지지 않으신다. 왜 그렇게 됐는지, 누가 잘못했는지 묻지 않으신다. 내가 그저 아프다고 말하면 예수님은 조용히 내 곁에 앉으신다. 말없이 내 손을 잡고, 한참 동안 머물러 계신다.

> "우리가 아직 연약할 때에 기약대로 그리스도께서 경건하지 않은 자를 위하여 죽으셨도다"(롬 5:6)

예수님의 공감을 깊이 경험한 뒤로 내 시선도 바뀌기 시작했다. 전에 보이지 않던 누군가의 고통이 보였다. 내 주변의 작은 눈물에 마음이 머물게 되었다. 위로하는 척하며 '힘내라'라고 말하지 않았다. 대신 조용히 곁에 있어 주려 노력했다.

"교회란, 상처받은 사람들이 서로의 상처를 나누는 곳이어야 한다."라고 했던 어느 신학자의 말이 생각난다. 우리가 완벽한 사람을 만나는 곳이 아니라 아픈 사람들이 곁에 서서 함께 길을 걸어가는 공동체가 교회다. 내가 먼저 공감받은 경험을 다른 사람에게 건네는 작은 용기를 실천하는 곳이 교회다. 공감받은 삶은 결국 공감의 사람으로 이어진다. 내가 받은 사랑이 내 안에만 머물지 않는다. 내 마음 구석에 작은 불씨가 남아서 누군가 힘들어하는 이에게 따뜻한 손길로 전해진다.

얼마 전, 영화 〈원더〉를 다시 봤다.

얼굴에 선천적 기형이 있는 소년 어기가 학교에서 겪는 이야기다. 어기는 처음에 모든 시선을 두려워했다. 친구들의 놀림과 세상의 차가운 시선에 지쳐 있었다. 한 친구가 조용히 다가와 "너랑 점심을 같이 먹고 싶어"라고 말했다.

그 한마디가 어기에게 새로운 세상을 열어주었다.

공감은 엄청난 능력이 아니라 한 걸음 다가가 머물러 주는 작은 용기다. 나는 나인성 과부에게 다가가신 예수님을 통해 진짜 공감이 무엇인지 배운다. 그분은 내 고통을 외면하지 않으신다. 내 마음이 무너지는 자리에, 누구도 오지 않는 곳에 예수님은 늘 먼저 와 계신다.

내가 받은 공감의 사랑을 누군가에게 실천하고 싶다. 아주 작은 손길, 가벼운 안부, 잠시 멈춰 서서 듣는 마음이 되고 싶다. 이 작은 시도가 누군가에게는 예수님의 손길처럼 다가갈 수 있을 것이다. 내가 받은 사랑과 위로가 내 곁의 한 사람을 살릴 수 있다면 그것이 예수님의 마음을 닮아가는 길이 아닐까.

공감의 자리에 서다.

삶의 굴곡마다 예수님의 시선과 손길이 내 곁에 있었다. 아무도 내 아픔을 몰라준다고 느꼈던 날도, 예수님은 이미 조용히 내 마음 한가운데 함께하고 계셨다. 나는 혼자가 아니었다.

공감이 메마른 시대, 누군가는 쉽게 위로를 말하고 누군가는 피로에 지쳐 마음을 닫는다. 그러나 예수님은 내 고통을 남의 일로 여기지 않으셨다. 내 상처를 손가락질하지 않고, 조용히 다가와 손을 내미셨다.

공감은 힘겨운 누군가의 짐을 대신 져주는 것이 아니라 함께 짊어지는 것이다. 위로는 정답을 말해 주는 것이 아니라 곁에 머무는 것이다. 상대의 부족함을 꾸짖지 않고, 연약함을 이해하는 그 따뜻한 마음이 진짜 공감이다. 그것이 공감하신 예수님의 모습이다.

누군가의 고통에 멈춰 설 수 있는 예수님을 닮은 사람이 되고 싶다. 누군가의 슬픔 앞에 내가 먼저 조용히 다가갈 수 있다면, 말없이 손을 내밀 수 있다면, 예수님이 내 곁에 해주셨던 그 위로를 조금이나마 나누게 될 것이다. 상처받은 마음으로, 공감받은 기억으로, 누군가에게 공감의 사람으로 살아가고 싶다.

묵상과 적용을 위한 제안

1. 오늘 내가 지나쳐온 사람들 가운데, 예수님처럼 슬픔에 잠긴 이가 있었는지 돌아보고, 그들의 아픔 앞에 잠시 멈출 수 있었는지를 묵상해 보라.

2. 누군가의 고통 앞에서 내가 스스로 세운 마음의 벽은 무엇인지, 그리고 그 벽이 나를 어떻게 고립시키고 있는지를 솔직하게 성찰해 보라.

3. 이번 한 주간, 내 주변의 작은 아픔 하나에 조용히 손을 내밀며 예수님처럼 공감의 사람이 되는 실천을 결단해 보라.

2부 예수님이 하신 일을 생각하다.

'예수님은 어떻게 사셨을까?'

'그분이 오늘 나의 삶에 계셨다면, 어떤 선택을 하셨을까?'

믿음은 생각에서 출발하지만, 결국 삶으로 이어지지 않으면 공허하게 남는다. 예수님의 성품을 묵상하면서 한 가지 질문에 자주 멈춰 섰다.

"나는 그분처럼 살아가고 있는가?"

예수님은 사랑을 말하지 않으셨다. 사랑을 살아내셨다. 가르치셨고, 치유하셨고, 용서하셨고, 섬기셨고, 무엇보다 자기 생명을 내어 주셨다.

그분의 사역 하나하나에는 말로 표현할 수 없는 묵직함이 있었다. 가벼운 위로나 형식적 행동이 아니었다. 누군가의 삶을 끌어안는, 실제적인 돌봄과 헌신이었다.

2부에서는 예수님의 '발걸음'을 따라가려고 한다.

말이 아닌 행동으로, 이론이 아닌 삶으로 증명된 그 사랑의 행적을 천천히 더듬으며, 내 일상 속에서도 그분을 닮고 싶은 소망을 품고 싶다.

예수님의 길은 쉽지 않다. 때로 거절당했고, 오해받았고, 외면당했고, 마지막에는 배신당하고 십자가에 못 박히셨다. 그럼에도 끝까지 걸으셨다.

왜냐하면, 그 길이 바로 우리를 살리는 길이었기 때문이다.

나도 그런 길을 걷고 싶다. 완벽하진 않아도, 서툴더라도.

나도 예수님이 하셨던 것처럼 누군가에게 따뜻한 위로가 되고 싶고, 작은 사랑이 되고 싶다.

기도하며 묻는다.

"예수님, 오늘 나는 누구의 발을 씻고, 누구의 눈물을 닦아줄 수 있을까요?"

지금부터 함께 걸어갈 길은 '묵상'에서 '실천'으로 옮겨지는 여정이다.

6. 가르치신 예수 생각

마가복음 1:21-27

21) 그들이 가버나움에 들어가니라 예수께서 곧 안식일에 회당에 들어가 가르치시매 22) 뭇 사람이 그의 교훈에 놀라니 이는 그가 가르치시는 것이 권위 있는 자와 같고 서기관들과 같지 아니함일러라 23) 마침 그들의 회당에 더러운 귀신 들린 사람이 있어 소리 질러 이르되 24) 나사렛 예수여 우리가 당신과 무슨 상관이 있나이까 우리를 멸하러 왔나이까 나는 당신이 누구인 줄 아노니 하나님의 거룩한 자니이다 25) 예수께서 꾸짖어 이르시되 잠잠하고 그 사람에게서 나오라 하시니 26) 더러운 귀신이 그 사람에게 경련을 일으키고 큰 소리를 지르며 나오는지라 27) 다 놀라 서로 물어 이르되 이는 어찜이냐 권위 있는 새 교훈이로다 더러운 귀신들에게 명한즉 순종하는도다 하더라

붉은 글씨

가끔은 성경을 펼치는 것이 두렵다. 오늘은 나에게 어떤 질문이 던져질까, 예수님의 말씀이 내 안에 무엇을 흔들까, 예수님의 말씀 앞에 서는 게 부담스러울 때가 있다. 누구나 그렇지 않을까. 예수님의 말씀은 가끔 너무 날카롭다. 검은 글씨로 가득한 성경 속에 붉게 빛나는 그 몇 줄, 예수님의 직접적인 음성, 그 속에 담긴 사랑과 명령이

한 번도 내 마음을 가볍게 지나간 적이 없다.

나는 예수님의 가르침을 정말 '그대로' 듣고, 믿고, 살아내고 있는가? 머리로는 익숙한 구절들이다. 그러나 삶에 스며들기엔 여전히 부담스럽고 두려운 말씀들이다. 어린아이처럼 순수하게 받아들이기엔 벌써 머리가 굵은 어른이 되어버렸다.

"이 말씀은 정말 나에게 하신 말씀일까?"

스스로 변명하며 예수님의 급진적이고도 따뜻한 초대에서 한발 물러서곤 한다. 그런데도 오늘 다시 예수님의 붉은 글씨 앞에 서려고 한다.

붉은 글씨는 예수님께서 남기신 가장 깊은 사랑이다. 삶의 한복판을 파고드는 그 말씀은 내가 감당할 수 없는 무게이지만, 내가 진짜 살아있음을 느끼게 하는 숨결이다. 만약 내가 예수님 당시 그 자리에 있었다면 나는 어떤 반응을 보였을까. 서기관들처럼 체계와 전통을 붙들었을까? 아니면 권위 있는 음성에 숨을 죽이고 귀를 기울였을까? 예수님을 따르는 제자로 산다는 것은 그분의 가르침 앞에 매일 새롭게 서는 일이다.

붉은 글씨로 남겨진 예수님의 말씀을 일상에서 어떻게 살아내야 할까? 나는 다시 한번 예수님의 가르침을 내 마음 한가운데 둔다. 내 안에 무언가 새롭게 시작되길 바라며, 진실하게, 조금은 떨리는 마음으로 예수님과 새로운 만남을 시작한다.

붉은 글씨를 읽는 용기

신약 성경에서 오로지 붉은 글씨로 된 부분만 하루 동안 집중해서 읽은 적이 있다. 흰 종이 위에 새겨진 예수님의 말씀이 평소보다 더욱 또렷하게 다가왔다. 평소라면 익숙하게 지나쳤던 구절들도 붉은 글씨로만 읽으니 왠지 모르게 내 마음을 무장해제 시키는 것 같은 충격이 느껴졌다.

내가 믿는 예수님이 정말 이렇게 말씀하셨단 말인가! 어린 시절 교회에서 들었던 따뜻한 예수님의 이미지와는 어딘가 달랐다. 붉은 글씨만 읽으면 예수님의 메시지가 한없이 급진적이고 도저히 따라갈 수 없는 수준처럼 보인다. 예수님이 정말 이렇게 우리에게 말씀하신 것이 맞을까?

문득, 키에르케고르의 말이 떠올랐다.

"문제는 단순하다. 성경은 이해하기 쉽다. 그러나 우리는 성경을 이해하게 되면 그대로 살아야 한다는 걸 너무나 잘 알기에 말씀을 이해하지 못한 척한다."

그의 말에 얼굴이 화끈거린다. 속마음을 들킨 것처럼 말이다. 나 역시 예수님의 말씀을 읽다가 너무 솔직하고 직설적이어서 내 현실과 맞지 않는다고 느낄 때가 있다. 그때 슬며시 시선을 돌린 적이 많았다.

"진실로, 진실로 너희에게 이르노니…"

예수님은 늘 그렇게 시작하셨다. 그 한마디가 모든 핑계를 부끄럽게 만들었다. 예수님이 회당에서 가르치시던 장면이 떠올랐다. 예수님을 둘러싼 수많은 사람이 그의 가르침에 놀랐다. 서기관들과는 다른 차원의 권위 있는 말씀이었다. 예수님은 더러운 귀신에게조차 잠잠할 것을 명령하셨다. 귀신은 그 말씀 앞에서 저항해보지도 못하고 떠나갔다.

내 마음속에 오랫동안 머물러 있는 두려움과 상처가 있다. 누구에게도 드러내고 싶지 않은 수많은 생각들도 있다. 예수님의 한마디가 그 모든 어둠을 몰아낼 수 있을까?

예수님의 말씀을 그대로 받아들이고 살아보려고 결심했던 때가 있었다. 몇 해 전 큰 부당함을 겪었다. 누군가의 거짓말 때문에 오해를 받았고, 억울한 상황에 내몰렸다. 평소였다면 맞서 싸웠을 것이다. 하지만 그날 내 마음에 예수님의 말씀이 떠올랐다.

"네 이웃을 네 자신과 같이 사랑하라."

"원수를 사랑하라. 너희를 미워하는 자를 위해 기도하라."

도저히 실천할 수 없었다. 이 말씀은 내게 현실감 없는 이상적인 문구처럼 느껴졌다. 그래도 그 말씀을 자꾸 떠올리려고 노력했다. 억울함을 하소연하기보다는 상대방을 이해할 힘과 용기를 달라고 기도했다. 거짓말을 한 사람의 처지를 한 번 더 생각해보았다. 조용히 내 억울함을 내려놓기로 했다. 결국 시간이 지나 진실이 밝혀졌고, 미안해하는 그에게 먼저 다가갈 수 있었다.

돌아보면, 무언가 말씀이 내 안을 지났다는 느낌을 받았다. 그때 느꼈던 자유와 평안은 설명할 수 없는 선물이었다.

예수님의 가르침 앞에 서는 것은 용기가 필요하다. 내 안에 있는 두려움과 합리화의 목소리를 잠시 내려놓고, 예수님의 붉은 글씨에 정직하게 반응해야 한다.

예수님은 말씀하셨다.

"이르시되 진실로 너희에게 이르노니 너희가 돌이켜 어린 아이들과 같이 되지 아니하면 결단코 천국에 들어가지 못하리라"(마 18:3)

어린아이처럼 순수하게, 복잡한 해석 없이 예수님의 말씀을 그대로 듣는 것이 예수님이 원하셨던 신앙의 태도였다.

나는 자주 예수님의 말씀을 복잡하게 해석하려고 했다. 이 말씀은 내 상황에는 맞지 않는다고 핑계했다. 이제 예수님의 붉은 글씨 앞에 진실하게 서야 한다. 내가 예수님을 정말 따르고 싶다면, 예수님의 가르침을 정직하게 받아들이고 한 걸음씩 실천해 나가야 한다.

예수님의 말씀을 완벽하게 지킬 수는 없다. 나의 부족함이 자꾸만 드러난다. 그러나 그 말씀 앞에서 계속해서 질문을 던지고, 넘어지면 다시 일어서야 한다. 그것이 예수님의 붉은 글씨를 내 삶에 새기는 것이다.

사랑이라는 새 계명

출근하는 사람들로 가득한 지하철에서 누군가와 어깨가 부딪혔다. 순간 짜증이 올라왔다.

'왜 이렇게 밀치고 다닐까?'

속으로 투덜거리며 자리에 앉았다. 문득 아침에 읽었던 예수님의 말씀이 생각났다.

"그러나 너희 듣는 자에게 내가 이르노니 너희 원수를 사랑하며 너희를 미워하는 자를 선대하며"(눅 6:27)

이 말씀이 떠오르는 순간 내 마음은 잠시 멈칫했다. 그 어색한 정적 속에서 예수님의 붉은 글씨가 하루의 시작을 완전히 바꿔놓았다.

사랑은 말로 할 때보다 일상에서 마주칠 때가 훨씬 어렵다. '선대'이라는 단어가 지하철에서, 직장에서, 가족 안에서 끊임없이 내게 질문한다.

'나는 정말 선대하고 있는가?'

예수님께서 율법 교사와 대화하면서 가장 큰 계명을 말씀하셨던 장면이 떠오른다.

"네 마음을 다하며 목숨을 다하며 힘을 다하며 뜻을 다하여 주

너의 하나님을 사랑하라"

그리고

"네 이웃을 네 자신과 같이 사랑하라."

이 두 가지 명령이 모든 율법의 핵심이라고 말씀하셨다(마가복음 12:29-31).

예수님은 하나님을 사랑하는 것과 이웃을 사랑하는 것을 떼어놓지 않으셨다.

마더 테레사는 이렇게 말했다.

"사랑은 행동으로 옮길 때 생명을 얻는다."

이 짧은 한마디에 예수님의 가르침이 어떻게 실천이 되어야 하는지가 담겨 있다. 사랑이란 감정이나 이론이 아니라 내 발걸음이 향하는 방향이다. 내가 손을 내미는 그 순간이다.

예수님은 선한 사마리아인의 비유를 통해 이웃이란 경계가 없는 존재임을 보여주셨다. 율법을 잘 아는 제사장과 레위인은 강도 만난 사람을 스쳐 지나갔다.

'나는 저런 처지에 놓이지 않을 거야.'

'저 사람을 도우면 내 일정이 망가질지 몰라.'

많은 핑계와 자기중심적인 계산이 그들을 강도 만난 사람을 향하는 그의 마음을 멈춰 세웠다. 하지만 사마리아인은 이방인, 차별받는 소수자였다. 그는 상처 입은 사람에게 다가갔다. 자신의 기름과 포도

주를 부어주고 짐승에 태워 여관까지 데려갔다. 자신의 시간과 재정을 들여 회복될 때까지 책임졌다.

이 이야기를 읽을 때마다 마음이 무겁다. 내 시간과 자원을 '불편한 이웃'에게 내어놓은 적이 있었나 돌아보게 된다. 사랑이란 감정만으로는 부족하다. 내 손과 발, 시간과 마음을 내어주는 결단이 필요하다.

어느 청년의 이야기다.

오랫동안 미워했던 한 친구가 있었다. 어릴 때 그 친구에게 크게 상처를 받았기 때문이다. 겉으로는 아무렇지 않은 척했지만, 마음속에는 미움이 쌓여 있었다. 언젠가 "원수를 사랑하라"라는 예수님의 말씀을 묵상하던 중에 문득 그 친구가 떠올랐다. 그날 밤 그 말씀 때문에 잠을 잘 수 없었다. 예수님의 붉은 글씨가 자꾸 마음을 두드렸다.

'사랑하라. 용서하라.'

그 말씀에 자존심이 무너졌다. 몇 번이나 편지를 쓰고 지우기를 반복하다가 결국 짧은 문자를 보냈다.

"오래전 일인데, 내가 아직도 마음에 담아둔 게 있어. 용서할게. 그리고 미안해."

그 한마디를 보내고 눈물이 났다. 친구도 얼마나 힘들었는지 짧은 답장이 왔다.

"고마워. 나도 미안해."

오랜 시간 묵혀두었던 미움과 상처가 예수님의 한 줄 말씀 앞에서 조용히 녹아 내렸다. 그때 나는 사랑이 이론이나 감정이 아니라 결단이라는 사실을 처음으로 배웠다.

예수님은 말씀하셨다.

"내 계명은 곧 내가 너희를 사랑한 것 같이 너희도 서로 사랑하라 하는 이것이니라"(요 15:12)

예수님은 자신의 사랑을 기준으로 삼으셨다. 내가 할 수 있는 만큼이 아니라 예수님이 내게 보여주신 그 사랑만큼이다. 사랑은 가장 어렵고 가장 진실하다. 매일 아침 출근길에 만나는 수많은 얼굴 속에서 가족 안에서, 직장에서, 내 삶의 반경 안에서 사랑하라는 예수님의 말씀은 여전히 불편하다.

그러나 예수님의 붉은 글씨가 내 안에 살아 움직이기를 원한다. 사랑이 내 발걸음을 바꾸고 내 선택을 바꾸기를 원한다. 사마리아인의 이야기처럼 내가 오늘 하루 누군가의 이웃이 되기를 소망한다. 내 자존심을 내려놓고 먼저 손을 내미는 사람이 되기를 기도한다.

예수님의 붉은 글씨를 따라 살아갈 수 있기를.

아빠 하나님

아버지는 친절하고 상냥한 분이었다. 어릴 때는 그저 아버지가 나를 지켜주는 존재라고만 생각했다. 하지만 시간이 지나고 어른이 되어 삶의 무게를 견디면서 아버지의 마음을 조금씩 이해하게 되었다.

기도할 때 자연스럽게 "하나님 아버지"라고 부를 수 있었던 건 아버지의 모습 덕분일 것이다. 하지만 솔직히 말해 신앙의 여정을 걸으며 내가 부르는 '하나님 아버지'와 내가 경험한 친근한 아버지의 모습이 완전히 겹치는 것은 아니다.

예수님이 하나님을 "아빠, 아버지"라고 부르셨다는 사실을 처음 묵상했을 때 충격을 받았다.

"이르시되 아빠 아버지여 아버지께는 모든 것이 가능하오니 이 잔을 내게서 옮기시옵소서 그러나 나의 원대로 마시옵고 아버지의 원대로 하옵소서 하시고"(막 14:36)

이 말씀을 읽으며 예수님도 두려움과 고통 가운데 가장 깊고 따뜻한 호칭으로 하나님께 손을 내밀었다는 사실이 마음에 닿았.
'아빠'
작은 아이가 아빠를 찾으며 부르는 가장 순수하고 솔직한 부름이다. 이 부름이 하나님과 우리 사이의 거리를 한순간에 좁혀놓는다.

내가 아버지 손을 잡고 걷던 골목길처럼 예수님은 하나님과의 거리를 무한히 가깝게 만들어 주셨다.

신앙생활을 하다 보면 나도 모르게 하나님을 멀고 위대한 분으로만 대할 때가 많았다.

> "너희는 다시 무서워하는 종의 영을 받지 아니하고 양자의 영을 받았으므로 우리가 아빠 아버지라고 부르짖느니라"(롬 8:15)

하나님을 가장 가까운 분, 삶의 모든 순간 함께하는 '아빠'로 부를 수 있는 자녀가 되었다.

헨리 나우웬이 말했다.

"아버지에 대한 건강한 경험이 하나님 아버지와의 친밀함을 여는 열쇠가 된다."

이 말에 깊이 공감한다. 친근하고 따뜻한 아버지를 경험했던 기억은 기도의 자리에서 하나님을 더 편안하게 부를 수 있도록 해주었다. 그런데도 어른이 되면서 내가 넘어지고 실패하는 순간에는 여전히 하나님 앞에 서는 게 어렵게 느껴질 때가 많았다.

'이런 나도 받아주실까?'

목회하면서 누구에게도 털어놓기 힘든 마음의 짐과 외로움이 때론 숨 막히게 한다. 어느 밤엔 모든 사역이 무겁고 앞날이 불안하게 느껴져 기도도 나오지 않았다. 하지만 "아버지, 지금 너무 힘들어요."

짧은 고백을 내뱉는 순간 어릴 적 느꼈던 그 온기와 위로가 마음 깊은 곳에서부터 퍼져 나왔다. 아버지가 내 어깨를 토닥이며 "괜찮다, 다시 시작하면 된다" 하시던 목소리가 들리는 듯하다. 그 순간 깨달았다. 하나님은 내 실수와 연약함까지 품으시는 진짜 '아빠'셨다.

한 성도가 내게 찾아와 질문을 했다.

"목사님, 하나님이 저를 진짜 사랑하시는 게 맞나요? 저는 매일 부족하고 기도도 잘하지 못해요."

나는 미소를 지으며 내 아버지의 모습을 떠올렸다. 그리고 말했다.

"우리 하나님은 우리가 힘들다고 울 때, 내가 어릴 때 우리 아버지가 그랬던 것처럼 토닥여주고 괜찮다며 안아주시는 분입니다. 잘해야 사랑받는 게 아니라 그냥 존재만으로 기뻐하시는 분입니다."

돌아보면 하나님을 '아빠'라고 부를 수 있다는 건 신앙의 가장 큰 자유다. 기도의 언어를 바꾸어 놓았고, 마음의 무게도 달라지게 했다. 힘들 땐 감추지 않고 솔직하게 다가갈 수 있는 관계가 되었다.

어느 책에서 읽은 글귀가 생각난다.

"기도는 하늘 높이 계신 신을 향한 두려운 외침이 아니라, 내 방안에 계신 아빠와의 대화다."

나는 이 고백에 깊이 공감한다. 하나님이 나의 '아빠'라는 이 사실이 내게는 삶을 버티게 하는 힘이고, 다시 일어서게 하는 위로다. 오늘 나는 기도의 자리에서 내 약함을 감추지 않고 하나님 앞에 나아간다.

"아빠, 오늘도 나를 사랑해 주셔서 고마워요. 내가 다시 용기를 낼 수 있도록 내 손을 꼭 잡아주세요."

나는 하나님을 두려움이 아니라 사랑과 신뢰로 부를 수 있다. 그분의 친절과 상냥함이 내 인생 전체를 감싸고 있다는 걸 날마다 더 깊이 배워간다. 내가 사랑받는 자녀임을 잊지 않을 때 나 또한 누군가에게 더 친절하고 상냥한 이웃이 될 수 있다.

말씀의 권위, 변화의 힘

나의 첫 번째 담임 목회지는 오래된 교회였다. 겉보기엔 평화로워 보였지만 실제로는 교회가 존재했던 세월만큼 오래된 오해와 갈등, 서로에 대한 상처가 곳곳에 쌓여 있었다. 목사로서 설교할 때마다 더 분명하게, 더 설득력 있게 말씀을 준비했다. 하지만 성도들의 표정은 늘 조심스럽고 닫혀 있었다. 그러던 어느 주일, 말씀 한 구절이 나의 마음속으로 깊이 들어왔다.

> "다 놀라 서로 물어 이르되 이는 어쩜이냐 권위 있는 새 교훈이로다 더러운 귀신들에게 명한즉 순종하는도다 하더라"(막 1:27)

"권세 있는 새 교훈" 당시 나에게 필요한 것은, 나의 말과 목사로의 권위가 아니라 말씀의 권위였다. 그날부터 주님의 말씀이 권위 있게 들려지길 간절히 기도했다.

예수님은 회당에서 말씀하실 때 누구도 흉내 낼 수 없는 특별한 힘이 있었다. 말의 힘이 아니었다. 예수님이 하신 말씀은 진짜 사람을 바꾸고 어두움을 몰아냈다.

나는 그 장면을 상상해 본다. 성경 속 사람들은 왜 그렇게 예수님의 말씀에 놀랐을까? 수많은 랍비와 선생들도 율법을 가르쳤지만, 예수님의 가르침은 완전히 달랐기 때문이다. 말씀 자체에 생명의 힘, 존재의 무게, 진짜 권위가 담겨 있었다.

유진 피터슨은 "말씀이 육신이 되어 우리 가운데 거하셨다"라는 요한복음 1장 14절을 이렇게 설명했다.

"하나님의 말씀이 이론이나 교리가 아니라 우리 일상 속에, 가정과 직장, 가장 평범한 일상 한가운데 생생하게 들어온 사건이다."

나는 목회자로서 말씀을 전달하는 사람이지만 때론 말씀의 권위보다 내 생각과 경험, 혹은 조직의 논리로 변화를 시도하려 할 때가 많았다. 하지만 예수님의 권위는 그 어떤 인간의 설득력보다 더 깊은 곳에서 마음을 뒤흔든다.

교회 안에 오랫동안 서로 마음을 닫고 있던 두 가정이 있었다. 겉으로는 평온했지만 실제로는 인사도 제대로 나누지 않는 냉랭한 관계였다. 두 가정을 심방 하면서 예수님의 말씀을 가장 단순하게 매일 한 구절씩 묵상하고 부부끼리 나누는 시간을 가질 것을 권면했다.

한 성도는 마태복음 5장 44절, "나는 너희에게 이르노니 너희 원수를 사랑하며 너희를 박해하는 자를 위하여 기도하라." 이 말씀을 붙잡고 처음으로 상대 가정의 이름을 기도에 드렸다고 한다. 처음엔 억지로, 어색하게 시작된 기도였다. 그런데 며칠이 지나 눈물이 나왔다고 했다.

'하나님, 나는 솔직히 저 사람을 용서하지 못합니다. 그래도 예수님 말씀 따라 기도해볼게요.'

이 고백이 얼마나 진실했고 힘든 것이었는지 나는 알았다. 그 후로 조금씩 교회 안에 기류가 변했다. 인사 한마디, 미소 하나, 함께 나누는 작은 대화들이 서서히 나타나기 시작했다. 말씀이 마음에 들어오자 사람의 태도와 관계에 조용한 변화가 일어나고 있었다.

사람을 바꾸는 건 내 설득이 아니었다. 예수님의 말씀, 그 권위 앞에 스스로 마음을 열 때 어둠도, 상처도 조용히 물러난다는 것을 다시 경험했다.

예수님이 백부장의 믿음을 칭찬하시는 장면이 떠오른다.

"말씀만 하옵소서."

백부장은 예수님이 굳이 집까지 오지 않아도 말씀 한마디면 종이 낫게 될 것을 믿었다. 이 믿음이 진짜 권위에 대한 신뢰다. 내가 말로 설명할 수 없는 가족 간의 화해, 오랜 질병이 나은 기도 응답, 마음 깊은 상처가 성경 말씀 앞에서 눈물과 함께 치유되는 순간들은 모두 예수님의 말씀이 지닌 권위를 신뢰하고 따르는 데서 나타난 변화였다.

말씀이 내 삶에 실제로 작동하려면 먼저 내가 그 권위 앞에 순종해야 했다. 자존심을 내려놓고, 논리를 내려놓고 예수님의 말씀이 내 심장에 박히도록 여백을 두어야 한다.

한 성도가 말했다.

"목사님, 설교를 들을 때마다 하나님이 저를 직접 부르시는 것 같아요."

나는 답했다.

"그 느낌은 내가 아니라 예수님의 말씀에 권위가 있기 때문이에요. 말씀이 살아서 우리를 움직이고 계신 거예요."

내가 주도적으로 변화를 만들어낼 수 있다는 착각에서 벗어나야 한다. 말씀의 권위에 더 깊이 기대야 한다. 오늘도 말씀 한 줄이 내 하루를 흔들어 놓기를 기대하며 성경을 읽어야 한다. 예수님의 권위 있는 가르침, 그 힘을 신뢰하며 한 걸음씩 순종의 걸음을 걸어야 한다. 변화는 내 안에서부터 말씀을 진짜 주인으로 모실 때 시작된다. 예수님의 한 줄 말씀앞에 겸손하게 서서 고백해야 한다.

"말씀만 하옵소서."

다시, 예수의 가르침을 생각하다.

다시 한번 예수님의 붉은 글씨 앞에 멈춰 섰다. 처음 성경을 펼쳤을 때 그 말씀이 내게 던져준 충격과 두려움이 되살아나는 것을 느낀다. 한 줄 한 줄 곱씹으며 예수님의 마음을 더듬는 시간을 보냈다. 붉은 글씨는 내 안의 익숙함을 깨뜨렸다. 예수님의 말씀은 늘 예상 밖의 자리에서 나를 부르고, 나를 흔들었다. 그분은 지식이나 규칙이 아니라 관계와 사랑, 용서와 새로움, 내가 진짜 살아가야 할 하나님의 나라를 한마디 한마디로 내게 보여주셨다.

나는 여전히 부족하다. 말씀 앞에서 가끔은 멀리 도망가고 싶기도 하다. '과연 그렇게 살 수 있을까?' 망설일 때도 많다. 하지만 다시 예수님의 목소리에 귀 기울일 때 아주 조금씩 내 삶에 변화가 일어나고 있음을 본다.

신앙이란 정답을 얻는 일이 아니라 매일 예수님과 함께 걸어가는 여정이다. 내가 답을 다 알지 못해도 때로 넘어지고 실수하고 눈물 흘리더라도 예수님은 나와 함께 길을 걸어가신다. 예수님이 말씀하신 '하나님 나라의 삶' 그 나라는 멀리 있는 것이 아니라 오늘 내가 만나는 사람들, 내 가족, 나 자신과의 관계, 내 마음 한가운데서 이미 시작되고 있음을 조용히 배워간다.

나는 완벽해지려고 애쓰지 않을 것이다. 대신 매일 예수님의 한 줄 말씀 앞에 솔직하게 서는 것을 멈추지 않을 것이다. 붉은 글씨의 예수님, 그분의 사랑과 권위, 따뜻한 초대와 도전이 내 일상 속에서 작은 빛이 되어 한 걸음 한 걸음 더 깊은 신앙으로 이끌어 가길 소망한다.

묵상과 적용을 위한 제안

1. 예수님의 붉은 글씨 한 구절을 정직하게 마주하며, 그 말씀이 지금 나의 어떤 마음과 태도를 흔들고 있는지를 묵상해 보라.

2. 내가 예수님의 가르침을 머리로만 알고 실천하지 못했던 순간은 언제였는지 돌아보고, 그 이유와 내 안의 두려움이나 핑계를 솔직하게 성찰해 보라.

3. 오늘 하루, 예수님의 한 말씀을 마음에 품고 작은 실천으로 이어가며, 내 삶에서 말씀이 살아 움직이는 경험을 직접 만들어 보라.

7. 치유하신 예수 생각

마가복음 3:1-5

1) 예수께서 다시 회당에 들어가시니 한쪽 손 마른 사람이 거기 있는지라 2) 사람들이 예수를 고발하려 하여 안식일에 그 사람을 고치시는가 주시하고 있거늘 3) 예수께서 손 마른 사람에게 이르시되 한 가운데에 일어서라 하시고 4) 그들에게 이르시되 안식일에 선을 행하는 것과 악을 행하는 것, 생명을 구하는 것과 죽이는 것, 어느 것이 옳으냐 하시니 그들이 잠잠하거늘 5) 그들의 마음이 완악함을 탄식하사 노하심으로 그들을 둘러 보시고 그 사람에게 이르시되 네 손을 내밀라 하시니 내밀매 그 손이 회복되었더라

왜 우리는 예수를 생각해야 하는가

가끔 내 삶을 돌아보며 스스로 묻는다.

"나는 지금 무엇을 향해 가고 있는가?"

그 질문에 답하려다 한참 말문이 막힌다. 늘 바쁘게 살고 있고 뭔가를 해내고는 있지만, 어디로 가고 있는지 방향을 놓치고 있는 것은 아닌지 생각되기 때문이다. 바쁘게 생활하는 어느 날, 이유를 알 수 없는 허전함이 찾아온다. 무언가 놓치고 있다는 느낌이 마음을

흔든다.

그럴 때 예수님을 생각한다. 그분을 생각하지 않으면 삶의 큰 그림을 잊어버린 채 눈앞의 일들에만 몰두한다. 내가 삶의 방향을 잃을 때, 그분을 생각하면 다시 어디로 걸어가야 할지 감이 잡힌다.

예수님은 병든 자를 고치셨고, 소외된 이들과 함께 식사하셨다. 율법으로 판단을 받는 사람들 속에서 한 사람의 마음을 보셨다. 그분은 아무도 주목하지 않던 '한 사람'을 깊이 들여다보셨다. 그리고 그 사람을 향해 손을 내미셨다.

그 모습 속에서 나를 본다. 나도 누군가의 시선 밖에 있었던 사람이다. 나의 연약한 것이 들킬까 두려워 쉽게 사람들에게 다가가지 못할 때가 있었다. 내 마음을 솔직하게 고백하고 위로받고 치유받고 싶었지만, 감히 말하지 못했던 날들이 있었다. 그런 나를 예수님은 지나치지 않으셨다. 그 예수님이 지금도 삶 속에서 여전히 치유하시고, 회복시키시고, 불러내셨다.

그 예수님을 통해 삶의 방향을 다시 찾고 싶다. 나무만 보던 시야에서 벗어나서 숲을 보고 싶다. 내 삶의 진짜 의미, 하나님께서 나를 이 땅에 두신 이유와 그 부르심 앞에서 내가 어떻게 살아가야 할지를 알고 싶다. 그분의 시선으로 세상을 다시 보고 싶다. 그분의 손으로 나를 만지시던 그 감각을 다시 느끼고 싶다.

"예수님, 당신을 생각하지 않고는 나를 알 수 없습니다."

보이지 않을 때

아침에 눈을 뜨자마자 떠오르는 건 오늘 해야 할 일들이다. 약속 시간, 이메일 답장, 회의 자료, 그리고 숙제처럼 다가오는 설교들까지. 그렇게 하루를 시작하고 마치고 나면, 어딘가에 앉아 숨을 돌릴 틈도 없이 또 한주가 간다.

'숲은 보지 못하고 나무만 본다'라는 말이 떠오른다. 일상의 나무들, 눈앞의 일들에 집중하느라 삶 전체를 구성하는 숲을 놓치고 있는 것은 아닐까. 오늘 하루를 버텨내느라 인생의 방향과 목적은 보지 못하고 살고 있는 것은 아닐까?

예수님을 따른다는 말은 바로 그 숲을 보는 법을 배우는 일이다.

안식일에 예수님은 손 마른 사람을 고치셨다. 그 자리는 예배하는 장소, 회당이었다. 손 마른 사람은 회당에 있었지만, 누구에게도 주목받지 못했다. 회당 안에 있던 사람들의 시선은 예수님께로 향하고 있었다. 예수님이 율법을 어기길 바라는 마음으로 지켜보고 있었다.

예수님은 그런 사람들 사이에서 단호하게 말씀하셨다.

"예수께서 손 마른 사람에게 이르시되 한 가운데에 일어서라
하시고"(막 3:3)

예수님은 손 마른 사람을 회당의 중심에 세우셨다. 그를 모두의 시

선 한가운데로 불러내셨다. 그는 율법의 틀 속에서 '주목받아선 안 되는 존재'였다. 하지만 예수님의 손길 안에서 다시 '하나님 나라의 회복'의 주인공이 되었다.

예수님의 치유는 단순히 병을 낫게 하는 일이 아니다. 그것은 철저히 '회복'의 이야기다. 회복을 뜻하는 '아포카디스테미(ἀποκαθίστημι)'라는 헬라어는 단순한 치료가 아니라 온전한 회복을 뜻한다. 하나님의 창조 질서 속에 있던 온전한 상태로 되돌리는 것이다. 예수님은 바로 그런 치유를 하셨다.

예수님의 치유는 한 사람의 삶 전체를 회복시켰다. 손 마른 사람은 그저 육체적으로 불편했던 사람이 아니다. 사회적으로도 종교적으로도 소외된 사람이었다. 병든 몸 때문에 자신을 쓸모없는 사람으로 여겼을지도 모른다. 누군가에게 짐이 되고 있다는 생각에 사로잡혀 살아왔다. 그것이 그의 마른 손처럼 마음을 말라가게 했다. 그러나 예수님은 그의 손만 보신 것이 아니라 마른 마음도 보셨다. 그의 손과 함께 그의 존재를 회복시키셨다.

내 안에도 마른 손 같은 것이 있다. 회복되지 못한 감정, 말하지 못한 상처, 누군가에게 드러내지 못한 고통이 있다. 내가 그것을 감추고 사는 동안, 아무도 그걸 묻지 않았다. 아니, 어쩌면 나조차도 그 손이 쓸모없다고 생각해 왔는지도 모른다.

하지만 예수님은 회당 안에서 그를 찾으셨다. 그리고 말씀하셨다.
"한 가운데에 일어서라."

그 말은 세상의 중심에서 밀려나 있었던 그 사람을 다시 일으켜 세우는 하나님 나라로의 초대였다.

그 부르심을 묵상할 때마다 삶의 목적에 대해 다시 생각하게 된다. 예수님의 삶은 분주했다. 병든 자를 고치고, 귀신 들린 자를 회복시키고, 수많은 사람의 요청과 기대 속에서 살아가셨다. 그런 분주함 속에서도 언제나 중심을 잃지 않으셨다. 예수님의 목적은 '하나님의 나라'에 있었다. 바쁜 일정 속에서도 한적한 곳을 찾아 기도하셨고, 제자들에게 말씀하셨다.

"나는 이 일을 위해 보내심을 받았다"(눅 4:43)

그 목적이 예수님을 이끌었다. 그 목적 안에서 사람을 고치셨다.
예수님의 삶을 통해 내 삶을 다시 비추어 본다. 나는 어떤 목적을 따라 살고 있는가? 나는 무엇에 쫓기며, 누구를 위하여 지금을 버티고 있는가?

가끔은 나무만 보지 말고 나무 위로 올라가서 내 삶의 전체 풍경을 바라보아야 한다. 내가 정말로 원하는 것은 단순히 평안하고 안정적인 삶이 아니라, 하나님의 목적 안에 있는 삶이란 것을 다시 점검받아야 한다.

그 마음을 아셨다.

누군가에게서 이런 말을 들은 적이 있다.
"내 마음을 제대로 알아주는 사람이 없어요."
그 말은 외로움의 다른 이름이었다. 사람들 틈에 있어도, 함께 웃고 있어도, 내 마음을 들여다봐 주는 이가 없다는 느낌 말이다. 마음속 어디엔가 마른 흙처럼 갈라진 감정의 틈이 있다. 누군가가 한마디 위로라도 해 줬다면, 울음을 터뜨렸을지도 모른다.

나는 목회자로 살면서 많은 이들의 사연을 듣는다. 어떤 이는 병든 자식을 간호하며 매일 눈물로 견디고, 어떤 이는 조용히 이혼을 준비하며 교회에 나온다. 어떤 이는 회사에서 해고 통보를 받고도 매주 같은 자리에 앉아 예배를 드린다.

그들의 공통점은 "말하지 않았지만, 누군가 알아주었으면" 하는 마음이다. 그들에게 복음서를 펼치며 예수님의 시선을 보여주고 싶다.

예수님은 회당 안에서 손 마른 사람을 보셨다. 더 정확히 말하면, '그 사람을 알아보셨다.' 그는 당시 사회 속에서 '문제없는 사람'이 아니었다. 손이 말랐다는 것은 불편한 신체를 가졌다는 말이 아니었다. 노동, 제사, 공동체 생활 모든 영역에서 '불완전한 사람'으로 여겨졌을 것이다. 예배하는 공간에 앉았지만, 누구의 관심도 받지 못한 채, 그 자리에 존재해 온 한 사람이었다.

예수님은 그 사람을 중심으로 불러내셨다. 회당의 모든 사람이 지켜보는 앞에서 그를 회당 한가운데 세우셨다. 그 장면은 마치 이렇게 들린다.

"나는 너를 보고 있다. 나는 너의 마음을 알고 있다."

예수님은 일부러 사람들의 시선이 집중된 자리에서 그를 회복시키셨다.

당시 회당은 율법의 공간이었다. 안식일에는 아무 일도 해선 안 된다는 전통이 있었고, 바리새인들은 그것을 빌미로 예수님을 고발하려고 했다. 그들은 기적을 보려는 것이 아니다. 죄를 짓는 것을 보려는 것이다. 예수님은 그들을 보시며 탄식하며 분노하셨다. 그들의 마음이 너무도 완악했기 때문이다. 그들의 눈엔 율법만 있었지, 그 속에서 고통당하는 사람은 보이지 않았다.

나는 이 말씀을 읽으며, 내 안에도 그런 완악한 시선이 있다는 걸 깨달았다. 나도 누군가를 만날 때 판단하는 눈으로 바라본 적이 많이 있다. 그가 지금 얼마나 무너져 있는지, 그의 삶이 얼마나 아픈지를 보려 하지 않았다. 그 사람에 대해 살피고 따지고 평가하기 바빴다. 하지만 예수님은 그 기준을 내려놓고, 그 사람의 마음을 보셨다.

나는 목회 현장에서 자주 듣는 말이 있다.

"목사님, 저는 기도도 잘 못하고, 믿음도 별로 없어요."

그 말속에는 '이 정도 신앙으로는 하나님 앞에 나가기도 부끄럽다'라는 자기비하(自己卑下)가 담겨 있다. 그럴 때 예수님의 이 장면을 이야기해 준다.

"예수님은 그런 사람을 중심으로 부르셨어요. 단 한 번도 자격을 따져서 부르신 적이 없어요."

예수님은 우리 마음을 아신다. 겉으로 아무렇지 않은 척해도 마음 깊은 곳에서 눌린 감정, 풀리지 않는 분노, 설명할 수 없는 상실감이 있다는 걸 아신다. 그런 우리를 '한가운데'로 부르신다. 숨어 있던 자리에서, 마른 마음을 끌어안은 채, 예수님 앞에 서게 하신다.

그 자리에서 묻는다.

"왜 나입니까?"

그러면 예수님은 말씀하신다.

"네가 나의 시선에 있었기 때문이다."

한번은 이런 일이 있었다.

매주 예배가 마치기가 무섭게 조용히 빠져나가는 여자 성도가 있었다. 아무에게도 말을 걸지 않았고, 언제나 혼자였다. 어느 날 그녀가 편지 한 장을 내게 주었다.

"목사님, 지난 한 해를 거의 울며 살았습니다. 혼자라는 생각에 매일 마음이 무너졌고, 죽고 싶을 때도 많았습니다. 그런데 이상하게도 예배당에만 오면 조금 살 것 같았습니다. 하나님이 저를 보고 계신다는 확신은 없지만, 적어도 제가 그 자리에서 조용히 울 수 있다는 것만으로도 감사했습니다."

예수님은 그런 이들의 마음을 아신다. 그런 이들을 향해 가장 놀라운 말씀을 주신다.

"너는 이제 은혜 안에 있는 사람이다."

사람들의 외면 속에 머무는 존재가 아니라, 하나님의 나라 안에 회복된 존재로 세우신다. 예수님은 내 마음의 중심을 보시는 분이다. 여전히 내 삶의 한가운데서 말씀하신다.

"너의 마른 마음을 내게 내밀어라. 나는 그것을 회복시키고, 다시 살아나게 할 것이다."

나도 그 사람 같았다

어느 성도님의 이야기다.

그날도 교회 문을 열고 들어왔지만, 마음은 멀리 있었다고 한다. 설교를 듣고 찬양도 따라 불렀지만, 속은 여전히 메말라 있었다. 사람들과 인사도 나누고, 커피도 함께 마셨지만, 누구에게도 진짜 마음은 들키고 싶지 않았다. 괜찮은 척, 괜찮은 사람처럼 그렇게 앉아 있었다고 한다.

그는 자신이 회당에 앉은 '손 마른 사람'과 같은 기분이었다고 했다. 나는 목회하면서 그런 마음 상태인 사람들이 곳곳에 숨어 있는 것을 본다.

예수님 당시 사회는 정상이 아니거나 병든 몸을 죄의 결과로 간주하곤 했다. 그런 문화에서 손마른 사람은 사회적 시선의 경계에 있었다. 사람들과 함께 회당에 있었지만, 단지 거기 '있을 뿐'이었다. 눈에 보이지만, 누구도 말 걸지 않는 존재였다. 그도 스스로를 거기에 있어도 그만, 없어도 그만인 존재라고 느꼈을 것이다.

하지만 예수님은 그 사람을 다르게 보셨다. '치유의 대상'으로 보신 것이 아니라, 하나님의 회복이 임할 통로로 보셨다. 사람들이 율법을 들이대며 고발하려는 그 순간, 예수님은 그를 회당 한가운데 세우셨다. 그 자리는 사람들의 시선이 쏟아지는 자리였다. 모욕과 비난의 자리가 될 수도 있었다. 하지만 예수님은 그곳을 하나님의 나라가 임하는 자리로 만드셨다.

하나님은 때로 우리를 가장 부끄러운 자리로 부르신다. 사람들이 나를 '문제 있는 사람'으로 여길지도 모르는 그 자리에 서게 하신다. 그런데 바로 그곳에서 진짜 회복이 시작된다.

예수님은 그에게 말씀하셨다.

"손을 내밀어라."

마른 손은 움켜쥐기 어렵다. 힘이 없고, 제대로 펴지도 못한다. 거기다 손모양을 일그러져 있었다.

내가 예수님 앞에 설 때, 자주 망설이는 이유는 이거였다.

"이런 나라도 괜찮을까요?"

누구에게 보여주고 싶지 않은 내 상처, 실패, 부끄러움이 있다. 예수님은 "그 손을 내밀어라" 하셨다. 회복은 강함에서 시작되지 않는다. 연약함을 인정하고 드러내는 것에서 하나님 나라는 시작된다. 사람들이 숨기려고 했던 바로 그 자리에서 예수님은 손을 내밀게 하시고, 회복을 시작하신다.

한 번은 한 청년이 나에게 말했다.

"목사님, 저는 늘 비교당하고 살아왔어요. 성적도, 외모도, 집안 형편도…. 항상 뭔가 부족하다고 느꼈어요. 교회에서도 자신감이 없고, 봉사하라는 말이 너무 부담스러워요."

나는 그가 손 마른 사람 같다는 생각이 들었다. 겉보기엔 멀쩡한데, 안에는 퍼지지 않는 한쪽 손 같은 상처가 느껴졌다. 청년에게 말했다.

"예수님은 바로 그런 사람을 중심에 세우셨어요. 하나님 나라가 임하는 자리는 '자격 있는 자'가 아니라 '회복이 필요한 자'에게 열려 있어요."

그건 나를 위한 말이기도 하다. 회복이란 '다 나아서 괜찮은 사람'이 되는 것이 아니다. '예수님 앞에 내 손을 내밀 수 있는 사람'이 되는 것에서 시작기도 때문이다.

"예수님, 나도 그 사람 같았습니다. 그때 내민 손을 회복시켜 주셨습니다."

원하시면

"주님, 제게도 은혜를 주세요."
"이 문제를 해결해 주세요."

이런 기도를 얼마나 많이 했던가. 간절히 기도했지만 아무 일도 일어나지 않았던 날들이 더 많았다. 믿음이 부족해서일까, 아니면 하나님이 원하지 않으시는 걸까? 그 사이에서 흔들렸다.

한 나병환자가 예수님께 나아가 엎드려 간청했다.

"원하시면 저를 깨끗하게 하실 수 있나이다"(막 1:40)

이 말은 단순한 공손함이 아니었다. 그것은 믿음의 핵심을 꿰뚫는 고백이었다.

나병은 단순한 질병이 아니었다. 그 병은 곧 사회적 단절을 의미했다. 격리, 소외, 외면이란 단어가 따라붙는 질병이었다. 그는 인간 공동체에서 배제된 존재였다. 누구도 그에게 다가가지 않았고, 누구도 그의 이야기를 듣지 않았다. 그런 그가 예수님 앞에 와서 무릎을 꿇었다.

그의 고백 속에는 한 가지 확신이 있었다.

"예수님은 고치실 수 있는 분이다."

하지만 동시에 그는 말했다.

"그 일이 일어나는지는 주님의 뜻에 달려 있습니다."

나는 그의 요청을 묵상하다 깜짝 놀랐다. 그의 간구는 너무나 균형감 있는 고백이었기 때문이다. 보통의 기도는 우리의 바람으로 가득하다. "낫게 해 주세요." "해결해 주세요." 간절함은 있지만, 그 안에는 하나님의 뜻보다 내 바람이 더 크게 자리 잡고 있다.

그런데 나병환자는 말한다.

"당신이 원하신다면, 나을 수 있습니다."

그 말은 믿음이 부족해서 나온 말이 아니다. 오히려 가장 깊은 신뢰에서 나오는 고백이다. 그는 주도권을 자기 손에 쥐고 있지 않았다. 예수님이 어떤 분인지를 알았다. 그분은 능력이 있으실 뿐 아니라, 긍휼히 여기시는 분이라는 걸 말이다. 그분이 원하신다면, 그 뜻 안에서라면 자신은 회복될 수 있다고 믿었다.

예수님은 그 고백을 들으시고 말씀하신다.

"내가 원하노니, 깨끗함을 받으라"(막 1:41)

그 말은 응답을 넘어서는 사랑이다. 그 말은 "나는 너를 보고 있다"라는 선언이다. 그의 병보다 그의 마음을 먼저 보신 것이다.

나는 주위를 둘러본다.

어떤 이는 수년째 병상에 누워 있고, 어떤 이는 마음속 상처가 깊어 기대하지 않는 삶을 산다. 누구도 쉽게 말하지 못한다. 머뭇거리며 마음속으로만 수십 번도 더 질문하는 이들을 말이다.

'하나님이 원하실까요?'

하지만 예수님의 대답은 분명하다.

"내가 원한다."

예수님은 우리를 불쌍히 여기신다. 여전히 고치기를 원하신다. 회복은 우리의 간절함 이전에 주님의 마음에서 시작된다. 그분이 우리를 향해 품으신 뜻과 사랑이다. 그 안에서 우리는 기도할 수 있다.

'주님이 원하시면…'

한 남자의 이야기가 떠오른다.

오랜 시간 불면증과 우울증으로 약을 먹으며 살아가던 사람이었다. 아내는 믿음이 있었지만, 그는 단 한 번도 교회 문턱을 넘지 않았다. 어느 날, 아내의 간절한 부탁에 못 이겨 교회 안으로 들어갔다. 찬양이 울려 퍼지던 순간 이유를 알 수 없는 눈물이 쏟아졌다. 예배를 마치고 아내는 물었다. 그는 왜 울었는지 모르겠다고 했다. 단지, 너무 오랫동안 안으로만 삭이고 있던 마음이 터졌다고 했다.

그날 이후, 그의 몸은 서서히 회복되었다. 식욕이 돌아오고, 수면제가 없이도 잠들 수 있게 되었고, 정신과 약을 끊을 수 있게 되었다.

그는 말했다.

"나는 아무것도 한 게 없어요. 그냥, 그날 들어갔을 뿐인데…. 예수님이 저를 원하셨나 봐요."

우리는 늘 묻는다.

"내가 자격이 있을까?"

하지만 예수님은 묻지 않으신다.

"내가 원하노니, 깨끗함을 받으라."

예수님의 마음을 알았다면 이렇게 기도해야 한다.

"주님, 제가 원한다고 말하기 전에, 당신이 먼저 원하셨다는 것을 믿습니다. 그러니 오늘도 제 상처를, 제 연약함을 당신께 맡깁니다."

다시 예수를 생각하다

예수님을 묵상하는 일은 그분의 사역을 정리하는 일이 아니다. 그분 앞에서 나를 마주하는 일이다. 바쁘게 살면서 잊고 있던 예수님의 얼굴, 내 삶 안에서 작게만 느껴졌던 하나님의 나라, 그리고 손 마른 사람처럼 감추고 싶던 내 안의 연약함을 다시 들여다보는 것이다. 예수를 생각한다는 건, 생각 속에 그분을 불러오는 일이 아니다. 내 삶의 방향을 다시 그분께 맞춘다는 뜻이다. 삶의 한복판에서, 엉킨 감정과 바쁜 일상과 소외된 마음들을 안고 다시 예수님 앞에 서는 것이다.

예수님은 늘 한 사람에게 다가가셨다. 많은 군중 사이에서 늘 한 사람을 바라보셨다. 그 사람이 마른 손을 가졌든, 나병을 앓고 있었든, 다른 사람의 시선에서 비켜난 존재든, 예수님은 그 마음의 중심을 보셨다. 그리고 말씀하셨다.

"내가 원하노니, 회복되어라."

어쩌면 우리도 손 마른 사람처럼, 사회 한구석에 조용히 앉아 있었을지 모른다. 마음속에 아무도 모르는 상처 하나쯤 안고, 평범한 일상을 견뎌내고 있었을지도 모른다. 예수님은 그 자리에 있는 우리를 찾아오신다. 우리를 중심에 세우신다. 숨어 있을 필요 없다고, 스스로 감출 필요 없다고 말씀하신다.

여전히 우리를 보고 계신다. 지금도 말씀하신다.

"나는 너를 원한다. 나는 너를 회복시키기를 원한다."

우리의 마른 손을 보시고, 삶의 한가운데로 부르신다. 그분이 바라보신다는 사실이, 우리에게는 회복의 시작이다.

묵상과 적용을 위한 제안

1. 예수님께서 '한 가운데에 일어서라'고 부르셨던 장면을 떠올리며, 지금 나의 삶 속에서 예수님이 회복하시길 원하시는 '마른 손'은 무엇인지 묵상해 보라.

2. 나는 삶 속에서 연약함을 감추며 살아가고 있진 않은지, 하나님의 시선보다 사람들의 시선을 더 의식하며 살아왔던 순간들을 돌아보며 성찰해 보라.

3. 오늘 하루, 누군가의 마른 손을 품고 있는 마음을 알아주고, 조용히 다가가 예수님의 회복의 손길을 대신 전할 수 있는 작은 실천 하나를 시작해 보라.

8. 용서하신 예수생각

요한복음 8:3-11

3) 서기관들과 바리새인들이 음행 중에 잡힌 여자를 끌고 와서 가운데 세우고 4) 예수께 말하되 선생이여 이 여자가 간음하다가 현장에서 잡혔나이다 5) 모세는 율법에 이러한 여자를 돌로 치라 명하였거니와 선생은 어떻게 말하겠나이까 6) 그들이 이렇게 말함은 고발할 조건을 얻고자 하여 예수를 시험 함이러라 예수께서 몸을 굽히사 손가락으로 땅에 쓰시니 7) 그들이 묻기를 마지아니하는지라 이에 일어나 이르시되 너희 중에 죄 없는 자가 먼저 돌로 치라 하시고 8) 다시 몸을 굽혀 손가락으로 땅에 쓰시니 9) 그들이 이 말씀을 듣고 양심에 가책을 느껴 어른으로 시작하여 젊은이까지 하나씩 하나씩 나가고 오직 예수와 그 가운데 섰는 여자만 남았더라 10) 예수께서 일어나사 여자 외에 아무도 없는 것을 보시고 이르시되 여자여 너를 고발하던 그들이 어디 있느냐 너를 정죄한 자가 없느냐 11) 대답하되 주여 없나이다 예수께서 이르시되 나도 너를 정죄하지 아니하노니 가서 다시는 죄를 범하지 말라 하시니라

은혜가 시작되는 자리에서

"한 번 실수는 누구에게나 있다."

이 말 때문에 위로받고, 상대방의 실수를 너그럽게 봐 준다.

예수님 앞에 끌려온 여인은 간음하다 현장에서 잡힌 죄인이다(요

8:3). 그녀를 둘러싼 사람들은 율법을 근거로 그녀를 정죄하려 했다. 예수님은 침묵하시며 땅에 무언가를 쓰셨다. 그리고 말씀하셨다.

"너희 중에 죄 없는 자가 먼저 돌로 치라."

그 말씀이 끝나자, 사람들이 하나씩 자리를 떠났다. 마침내 남은 것은 예수님과 여인뿐이었다.

이 이야기는 단순한 용서의 이야기가 아니다. 인간의 본성과 하나님의 은혜가 충돌하는 지점에 관한 이야기다. 사람들은 종종 율법의 잣대로 타인을 재단하기를 좋아하고, 자신의 의로움을 드러내려 한다. 그러나 예수님은 그 모든 잣대를 내려놓게 하고, 은혜의 자리로 초대하신다. 우리는 모두 용서가 필요한 존재다. 예수님은 그 용서를 아낌없이 베푸시는 분이다.

정죄 없는 자리

"어떻게 그런 일을 했을까?"

"그 사람, 그럴 줄 알았어."

어떤 사람의 잘못을 들었을 때, 즉각적으로 판단을 내린다. 부정적인 판단일수록 더 빠르다. 그렇게 판단하는 순간, 나도 모르게 스스로 의로움의 자리에 서 있다. 그 자리는 어딘지 모르게 익숙하고 편하다.

예수님 앞에 간음하다 잡힌 여인이 끌려왔다. 사람들은 여인을 정죄하며 돌을 들 준비를 했다. 그들의 율법적 처벌은 정당했고, 그들의 입장은 명확했다. 그날 아침, 예수님은 이른 시간부터 성전에서 가르치고 계셨다. 무리가 소리를 지르며 나타났다. 한 여인을 질질 끌고 와서 예수님의 앞에 세웠다. 여인은 아무 말도 하지 못했다. 사람들이 물었다.

"뭐라 하시겠습니까? 율법은 이런 여자를 돌로 치라 했습니다. 선생님은 뭐라 하시겠습니까?"

대답을 원한 것이 아니었다. 정죄하는 일에 동참을 요청하는 말이었다. 그들은 여인을 통해 예수님을 시험하고 싶었다. 바리새인들과 서기관들의 마음엔 '의로운 자'로서의 확신이 있었고, 그 여인은 이미 죄인으로 규정되어 있었다.

예수님은 몸을 굽혀 땅에 뭔가를 쓰기 시작하셨다. 아무 말씀도 하지 않으셨다. 침묵으로 사람들의 초조함을 자극하셨다. 마침내 입을 여셨다.

"너희 중에 죄 없는 자가 먼저 돌로 치라."

이 한마디에 공기가 달라졌다. 흥분으로 달아올랐던 분위기는 이내 차갑게 식어버렸다. 아무도 돌을 들지 않았다. 눈치를 보다가 양심의 가책을 느낀 어른들부터 하나씩 자리를 떠났다. 마지막에는 예수님과 그 여인만이 남았다.

정죄가 사라진 자리다. 누구도 돌을 들지 못한 자리다. 그 자리에 남은 여인은 어떤 감정이었을까? 수치심, 두려움, 해방감…. 복잡한 감정들이 뒤섞였을 것이다. 분명한 한 가지가 있다. 예수님은 그녀를 정죄하지 않으셨다.

"너를 고발하던 자들이 어디 있느냐? 정죄한 자가 없느냐?"

"주여, 없나이다."

"나도 너를 정죄하지 않는다. 가서 다시는 죄를 짓지 말라."

그녀는 죄가 없었던 것이 아니다. 예수님도 그녀의 죄를 모르신 것이 아니다. 예수님은 정죄보다 회복을 선택하셨다. 죄인을 죽이려는 이들 앞에서 그 죄인을 살리려는 예수님의 자비는 더 큰 진실로 서 있었다.

나도 종종 정죄의 무리 가운데 있었음을 고백한다. 누군가의 실패를 속으로 즐기고, 누군가의 부족함을 내 비교 우위로 삼은 적이 있다. 나도 모르게 율법의 돌을 든 행위였다. 그 자리에 예수님이 계셨다면, 내게도 같은 말씀을 하셨을 것이다.

"너는 죄가 없느냐? 너는 그 돌을 들 자격이 있느냐?"

나는 아무 말도 하지 못한 채, 그 자리를 조용히 떠났을 것이다.

한 성도가 내게 고백했다.

"목사님, 예배는 드리지만 제 마음속엔 늘 죄책감이 있어요. 예전 실수 하나가 늘 저를 따라다녀요. 하나님이 저를 용서하셨을까요?"

그에게 오늘 이야기를 들려주었다.

"예수님은 정죄하지 않으셨어요. 그분은 다시는 죄를 짓지 말라고 하셨을 뿐이에요. 그 말은 성도님의 삶이 끝난 게 아니라, 이제부터가 시작이라는 뜻이에요."

용서의 자리, 그것은 은혜가 시작되는 자리다. 예수님은 죄인인 나를 보시고도, 돌을 들지 않으셨다. 대신, 생명의 길을 보여주셨다.

"다시는 죄를 짓지 말라"라는 말은 율법의 경고가 아니라, 새로운 생명의 약속이었다. 정죄 받아 마땅한 나를 용서하신 그분 앞에서 오직 이렇게 고백할 수 있을 뿐이다.

"예수님, 나도 그 여인처럼 정죄 없는 은혜의 자리에서 다시 살아갑니다."

은혜는 계산하지 않는다

한때 누군가에게 큰 도움을 받은 적이 있었다. 감히 기대하지도 않았던 선의였다. 그런데 이상하게도 시간이 흐르면서 그 호의를 계산하게 되었다.

"내가 갚아야 하는 건 아닐까?"

"혹시 이 사람도 무언가 바라고 있는 건 아닐까?"

내 마음이 점점 작아졌다. 그러다 문득 이런 생각이 들었다.

'은혜조차 계산하고 있구나.'

기독교는 은혜의 종교라고 한다. 간음하다가 잡힌 여인이 끌려왔다. 죄는 분명했고, 정죄도 당연해 보였다. 율법도 그녀를 두둔하지 않았다. 그런데 예수님은 그녀에게 정죄 대신 은혜를 주셨다. 아무 대가도 요구하지 않으셨다. 이것이 은혜지 않는가.

"나도 너를 정죄하지 않노니, 가서 다시는 죄를 짓지 말라."

때때로 은혜를 조건으로 오해한다.

"변화해야 받을 수 있는 것 아닌가?"

"회개가 있어야 용서가 가능한 것 아닌가?"

맞는 말이지만, 은혜를 모르는 말이다. 예수님은 그녀가 무릎 꿇고 울며 용서를 구하기 전에 먼저 용서하셨다. 새사람이 되겠다고 서약하기 전에 먼저 회복의 자리를 주셨다.

C.S. 루이스는 기독교의 독특성에 관한 질문에 이렇게 답했다.

"그건 아주 간단하죠. 바로 은혜입니다."

그 순간 수많은 신학자가 고개를 끄덕였다고 한다. 다른 어떤 종교도 은혜를 중심에 두지 않는다. 은혜는 자격이 없는 자에게 무조건 주어지는 것이기 때문이다. 받을 이유가 있는 것이면, 그것은 '보상'이지 '은혜'가 아니다.

예수님은 자격 없는 자에게 은혜를 주신다. 율법을 따라 돌에 맞아야 할 여인에게 사람들의 손가락질과 비난에서 벗어나게 해 주셨다. 하지만 그것이 끝이 아니었다. "다시는 죄를 짓지 말라"라고 말씀하셨다. 그 말은 조건이 아니라 방향이다. 용서받은 사람의 삶이 어떤 모습이어야 하는지를 보여주신 것이다.

한 성도가 예전에 이런 고백을 한 적이 있다.

"저는 늘 정죄 받는 마음으로 신앙생활을 했어요. 하나님은 늘 나를 책망하실 것으로 생각했거든요."

어느 날 간음하다 잡혀 온 여인의 이야기를 읽다가 이런 생각이 들었다고 했다.

"예수님은 정죄하지 않으셨는데, 내가 그렇게 살 이유는 없잖아."

그날 이후로 조금씩 달라졌단다. 정죄의 무게에 눌려 살기보다 은혜의 가벼움으로 걷기 시작했단다.

다시 예수님의 침묵을 떠올려 본다. 군중들이 몰려와서 외쳤다.

"율법에 따르면 이 여자는 돌에 맞아야 합니다."

그때 예수님은 말 대신에 땅에 글을 쓰셨다. 조급하게 말씀하지 않으셨다. 기다림의 정적은 사람들의 양심이 반응하게 했다.

예수님의 침묵 속에 은혜가 있다. 여인을 향한 은혜, 소리치는 군중을 향한 은혜 말이다. 예수님의 침묵은 사람들의 마음에 잊고 있던 은혜를 다시 생각하게 만들었다. 예수님의 은혜는 소리치지 않았다. 조용히 기다리는 침묵이었다. 모든 판단을 유보하고서 말이다. 돌을 내려놓을 때까지, 정죄하는 손끝을 멈출 때까지.

은혜는 계산을 멈추게 한다. 섣부른 판단을 유보하게 한다. 침묵하며 기다리는 동안 우리의 마음에 이렇게 속삭인다.

"너는 괜찮아. 나는 너를 사랑해."

땅에 글을 쓰며 기다린 그 시간은 은혜가 작동하는 시간이었다. 사람들은 스스로의 판단과 셈을 포기하고 하나둘 떠나갔다.

예수님은 지금도 침묵의 은혜를 나에게 베푸신다. 아무 말씀도 하지 않는 것은 예수님의 무관심이 아니다. 내 마음에 은혜가 살아나도록 기다리는 것이다. 예수님도 하지 않으신 계산을 나는 왜 하고 있는지 스스로 깨닫도록 말이다. 내가 자격이 있어서가 아니라 예수님이 먼저 용서하기로 결정하셨음을. 내가 변했기 때문이 아니라, 그분의 사랑이 나에게 먼저 찾아오셨음을.

"아직 부족하지만, 주님의 은혜는 계산하지 않고 제게 왔습니다. 오늘도 그 은혜 위에 제 삶을 놓습니다."

기다림의 낙서

누군가와 의견이 충돌할 때 말로 이기고 싶은 마음이 앞선다. 나의 정당함을 증명하고 싶고, 상대의 잘못을 명확히 하고 싶은 마음이 끓어오른다. 그런 마음으로 대화를 끝내고 나면, 허전함만 남을 때가 많다. 그때 깨닫는다.

"내가 이기긴 했지만, 잃은 것도 많았구나."

말은 때때로 너무 빠르다. 너무 날카롭고, 너무 위협적이다. 그래서 침묵이 더 큰 울림을 주는 것 같다.

요한복음 8장에서 예수님은 정죄의 소용돌이 한가운데에서 침묵하셨다. 간음한 여인을 끌고 와서 예수님께 대답을 요구했다. 예수님은 아무 말 없이 땅에 무언가를 쓰셨다. 말 대신 낙서를 선택하신 것이다.

왜 말씀하지 않으셨을까? 왜 그 순간 한가하게 보일 수도 있는 낙서를 하고 계셨을까? 사람들은 흥분해 있었다. 여인을 정죄하려는 분위기와 율법을 무기로 한 정의감으로 뜨겁게 달아오르고 있었다. 예수님은 그 열기에 휩싸이지 않으셨다. 침묵하셨고, 기다리셨다. 바닥에 손가락으로 무언가를 쓰며 스스로 돌아보기를 기다리셨다.

예수님의 깊은 지혜를 본다. 때로는 진실이 너무 조용해서 들리지 않을 때가 있다. 모든 사람이 크게 외치고 있을 때, 조용한 말 한마디가 오히려 깊고 강력하게 찌른다.

교회 청년이 억울한 오해를 받은 적이 있었다. 누군가의 말실수로 오랫동안 열심히 섬겨온 봉사에 흠이 생겼다. 해명하고 싶었지만, 그때 떠오른 말이 있었단다.

"기다려라. 지금 말하지 않아도 진실은 드러난다."

그는 기다렸다. 그 사이 거짓말은 점점 사라지고, 결국 진실이 드러났다. 나중에 그는 내게 말했다.

"목사님, 그 시간은 마치 예수님이 땅에 낙서하셨던 그 시간 같았어요."

기다림은 두려움을 동반한다. 말하지 않으면 오해가 깊어질까 두렵다. 침묵하면 더 억울해질까 두렵다. 하지만 예수님은 말보다 더 깊은 '존재의 메시지'를 남기셨다.

"너희 중에 죄 없는 자가 먼저 돌로 치라."

그 말씀 하나로, 사람들은 하나둘 자리를 떠났다. 정죄의 목소리는 침묵 속에서 사라졌다. 예수님과 여인만 남았다. 침묵은 그 순간까지 이어졌다. 돌을 들었던 손들도, 율법을 외쳤던 입들도 조용해졌다. 아니 모두 사라졌다.

이 말씀 앞에서 내 삶을 돌아본다. 내가 말을 아껴야 했던 순간들, 말보다 기다림이 필요했던 관계들, 정의라는 이름으로 너무 쉽게 정죄의 말을 쏟아냈던 상황들. 그때 내가 예수님처럼 땅에 낙서했더라면 어땠을까? 그 낙서 속에서 상대의 마음을 기다렸더라면 말이다. 조금 더 부드럽고 온유한 사람이 되지 않았을까? 그래서 기다림은 은혜의 시작이다.

비난과 흥분으로 가득한 공간에서 예수님은 낙서하며 사람들의 양심을 깨우셨다. 그들은 스스로 돌아보았고, 아무도 돌을 들지 않았다. 기다림은 부드럽지만 가장 강한 대처 방식이다. 예수님의 침묵은 큰 메시지였고, 그분의 기다림은 깊은 사랑이었다.

"예수님, 당신의 낙서 같은 침묵을 본받고 싶습니다. 말보다 기다림으로, 오늘도 당신의 은혜를 살아내고 싶습니다."

정죄하지 않으시는 예수님

목회를 하면서 나를 힘들게 하는 말은 이것이다.
"넌 틀렸어."

그 말은 단순한 지적이 아니라, 존재 자체를 부정하는 말처럼 들린다. 누군가의 눈빛이나 뉘앙스나 침묵조차도 내게는 정죄처럼 느껴졌던 시절이 있었다. 내 실수나 연약함이 들통났을 때, 가장 먼저 든 감정은 부끄러움이 아니라 '나는 이제 틀렸어'라는 절망감이었다.

간음한 여인은 그 자리에서 끝났다고 느꼈을 것이다. 사람들의 시선, 손에 들린 돌, 고발의 말들. 그녀의 삶은 이제 어떤 가능성도 남지 않은 것처럼 보였다.

그런데 예수님은 정죄하지 않으셨다. 모든 군중이 사라지고, 모든 정죄가 침묵으로 흩어진 뒤,

예수님은 그 여인을 바라보시며 말씀하셨다.

"나도 너를 정죄하지 않는다. 가서 다시는 죄를 짓지 말라."

'새로운 삶의 초대'였다. 과거에 붙잡혀 있던 여인에게 미래를 열어 주셨다. 죄의 이름으로 살지 말고, 은혜의 이름으로 살아가라고 하셨다. 예수님은 죄를 없던 일로 하신 것이 아니다. 죄를 덮은 것이 아니라, 그 죄 위에 은혜를 입히셨다. 정죄가 아니라 회복으로, 심판이 아니라 기회로 그녀를 이끄셨다.

〈레미제라블〉 속 장발장은 빵 하나 훔친 죄로 19년을 감옥에서 보

냈다. 출소 후에도 사람들은 그를 의심했고, 사회는 그를 받아주지 않았다. 그런 그에게 한 신부가 은촛대를 선물하며 말한다.

"이걸로 정직한 사람이 되겠다고 약속했잖습니까. 잊지 마십시오."

그 말은 정죄가 아니라 용서였다. 그 용서가 장발장의 인생을 바꾸었다. 정죄는 사람을 위축시키지만, 용서는 사람을 다시 일으킨다. 그 말이 없었다면 장발장은 다시 죄인이 되었을 것이다.

용서의 말이 그를 새로운 사람으로 만들었다. 예수님의 용서는 바로 그런 힘이다. 정죄를 멈추고, 삶을 다시 시작하게 만드는 능력이다. 우리도 그런 용서를 받았다. 정죄 받아 마땅한 나를 예수님은 정죄하지 않으셨다.

"나는 너를 정죄하지 않는다."

그 말은 지금도 내 삶을 붙들고 있다. 그 말이 내 영혼을 일으켰다. 나는 용서받은 사람이었고, 예수님은 우리에게 정죄를 가르치신 적이 없다. 그분은 자비와 긍휼을 가르치셨다. 그분은 '거룩함'과 '사랑' 사이의 균형을 삶으로 보여주셨다. 죄를 미워하시지만, 죄인을 버리지 않으신다.

그 은혜 안에서 오늘도 다시 일어선다. 실수할 수 있지만 끝나지 않았다는 믿음으로. 연약하지만 여전히 사랑받고 있다는 확신으로. 나도 이제는 다른 사람을 정죄하지 않겠다는 다짐으로.

은혜로 사는 사람

돌을 들고 서 있던 사람들 사이에서, 정죄 대신 침묵하셨고, 율법 대신 은혜를 선택하셨던 예수님을 생각한다. 그 사건 속에서 나는 어디에 서 있는지는 생각해 본다. 신앙생활을 오래 해왔지만, 여전히 정죄의 언어가 내 안에 숨어 있을 때가 많다. 누군가의 잘못을 쉽게 판단하고, 내 기준으로 옳고 그름을 재단해 왔다. 예수님은 그렇게 하시지 않으셨다. 정죄가 아닌 회복의 자리를 만드셨고, 무너진 사람에게 '다시 살아가라'라고 하셨다.

정죄 없는 삶은 약해 보일 수 있다. 그러나 그 안에 하나님의 강함이 있다. 은혜는 가장 깊고 강력한 회복의 힘이다. 계산하지 않고 주시는 사랑, 조건 없이 품어주시는 긍휼, 그것이 예수님이 보여주신 삶이었다.

예수님이 나를 정죄하지 않으셨기에 나도 오늘을 살아갈 수 있다. 그분이 나를 용서하셨기에 다른 이에게 은혜의 사람이 될 수 있다. 정죄의 돌 대신, 회복의 손을 내미는 사람으로.

묵상과 적용을 위한 제안

1. 예수님께서 간음한 여인을 향해 "나도 너를 정죄하지 않는다"고 하셨던 말씀 앞에서, 지금 내가 여전히 정죄받고 있다고 느끼는 죄책감이나 상처는 무엇인지 묵상해 보라.

2. 나는 지금까지 신앙생활 속에서 얼마나 다른 사람을 향해 정죄의 시선을 품었던 적이 있었는지, 그리고 예수님처럼 은혜로 품기보다 판단하려 했던 마음은 없었는지를 돌아보라.

3. 오늘 하루, 예수님의 침묵과 용서를 기억하며 누군가를 판단하고 싶은 순간에 말 대신 침묵을 선택하고, 정죄 대신 이해와 기다림으로 반응하는 은혜의 실천을 결단해 보라.

9. 섬기신 예수 생각

마가복음 10:41-45

41) 열 제자가 듣고 야고보와 요한에 대하여 화를 내거늘 42) 예수께서 불러다가 이르시되 이방인의 집권자들이 그들을 임의로 주관하고 그 고관들이 그들에게 권세를 부리는 줄을 너희가 알거니와 43) 너희 중에는 그렇지 않을지니 너희 중에 누구든지 크고자 하는 자는 너희를 섬기는 자가 되고 44) 너희 중에 누구든지 으뜸이 되고자 하는 자는 모든 사람의 종이 되어야 하리라 45) 인자가 온 것은 섬김을 받으려 함이 아니라 도리어 섬기려 하고 자기 목숨을 많은 사람의 대속물로 주려 함이니라

예수의 길에서 시작하다

버스를 타고 창가에 앉았다. 출근길 사람들 틈에서 창밖을 바라보는데 문득, 이런 생각이 들었다.

'나는 지금 어디를 향해 가고 있는 걸까?'

매일 반복되는 일상은 큰 물결처럼 나를 휩쓸고 지나간다. 스스로 묻는다.

'이것이 내가 살아야 할 삶인가? 예수님을 믿는다는 것은 단지 바

르게 살고, 성실하게 살아가는 것만으로 충분한가?'

예수님은 믿으라고만 하지 않으셨다. "나를 따라오라"라고 하셨다. 따라야 할 길이 있다는 뜻이다. 그 길은 십자가의 길이다. 낮아짐의 길이고, 자기 부인의 길이다. 상처받는 것을 감수하면서도 다른 사람을 품어야 하는 길이다.

예수님이 선택하신 그 길은 힘이 아니라 사랑으로 세상을 변화시키는 길이었다. 자신을 내려놓고 발을 씻기는 길이었다. 누구도 대신 갈 수 없지만, 누구나 초대받은 그 길이었다.

예수님은 섬김을 받으러 온 분이 아니다. 섬기러 오셨고, 대속물이 되어 목숨을 내어주셨다. 그분의 섬김은 사랑이었고, 구원이었고, 길이었다.

나에게 묻는다.

지금 어디쯤 와 있느냐고.

너는 지금 예수의 길을 걷고 있느냐고.

높아지려는 마음 앞에서 무너진 적도 있고, 누구도 모르게 자신을 내어준 순간도 있었다. 복음을 전하는 것이 점점 무거운 말이 되어갈 때도 있었다. 어느새 예수의 길에서 벗어나고 있음을 깨달은 날도 있었다.

예수의 길을 따라가고 싶은 마음이 있다면, 그것으로 충분하지 않을까. 함께 생각하고, 함께 걸어가고 싶다. 그 길에는 이미 예수님이 계시고, 나와 같은 질문을 가진 이들도 있다.

높아지려는 마음 앞에서

높아지고 싶은 마음은 내 생각보다 먼저 움직인다. 인정받고 싶은 마음, 앞서고 싶은 마음은 조용하지만 집요하다. 특별한 날만 그런 것이 아니다. 가장 사소한 순간에도 불쑥 고개를 든다.

교회 리더 모임에서 한 권사님의 제안에 반대했다. 사실 그 제안이 틀린 건 아니었다. 내 아이디어가 묻히는 것이 못내 아쉬웠다. 기도해보겠다고 했지만, 마음 깊은 곳엔 '내 말이 더 맞는데' 하는 생각이 여전히 남아 있었다.

제자들도 그랬다. 예수님이 곧 죽게 될 것이라고 말씀하셨다. 그들은 누가 더 큰 자인지 말다툼을 하고 있었다. 야고보와 요한이 높은 자리를 달라고 청했을 때, 나머지 열 명의 제자들이 분노했다(막 10:41). 그 분노는 정의감이 아니었다. 그들도 같은 마음이었기 때문이었다.

예수님은 그들에게 말씀하셨다.

"너희 중에 누구든지 크고자 하는 자는 너희를 섬기는 자가 되고… 으뜸이 되고자 하는 자는 모든 사람의 종이 되어야 하리라"(막 10:43,44)

섬기는 것이 큰 자의 모습이라는 말은 누구도 원하지 않던 삶의 방식이다. 섬김이라는 단어는 그 시대에도 지금처럼 반가운 말은 아니었다. 종이 된다는 것은 자기 뜻을 내려놓는다는 뜻이었다. 말없이 뒤에 서는 것이다. 때로는 억울함을 삼키는 일이다. 예수님은 그 길이야말로 가장 높은 길이라고 말씀하셨다.

팀 체스터는 십자가를 지는 삶을 다섯 가지 단어로 설명했다.

희생, 순종, 자기부인, 섬김, 고난.

이 단어들은 따로 놓을 수 없는 단어들이라고 했다.

마이클 고먼은 그 길을 '신분을 포기하는 사랑'이라고 했다.

예수님이 선택하신 그 길은 스스로 낮아지는 길이었다.

예수님께서 제자들의 발을 씻기신 장면은 너무 익숙해서 쉽게 지나치곤 한다. 섬김에 대해 그보다 강력한 메시지는 없다. 하나님의 아들이 허리에 수건을 두르고 무릎을 꿇었다. "내가 주와 선생이 되어 너희 발을 씻었으니 너희도 서로 씻어 주라" 하셨다. 섬김은 이론이 아니라 실천이고, 권위를 내려놓는 행위라는 것이다.

생각해 보면 많은 갈등이 이 '높아지려는 마음'에서 비롯된다. 나는 맞고, 나는 더 잘 알고, 나는 더 오래 있었고, 나는 더 많이 헌신했다고 말하고 싶다. 겉으로는 섬긴다고 하지만, 내면엔 여전히 계산하고 비교하는 마음이 가득하다. 누구도 종이 되고 싶어 하지 않는다. 누구도 의도적으로 낮아지려 하지 않는다. 나 역시 예외는 아니다.

복음은 말한다. 진짜 높아지는 길은 자기 자신을 대속물로 내어주는 섬김이라고.

예수님은 말씀하셨다.

"인자가 온 것은 섬김을 받으려 함이 아니라 섬기려 하고, 자기 목숨을 많은 사람의 대속물로 주려 함이라"(막 10:45)

대속물로 살아간다는 것은 보상을 바라지 않고 사랑을 선택하는 일이다. 봉사보다 더 깊은 자리다. 내가 그 자리에 있지 않아도 괜찮다고 말할 수 있는 용기다. 내가 먼저 손해를 감수할 수 있는 자유다. 그런 자유는 오직 예수 안에서만 실천할 수 있다.

하나님 나라의 질서는 세상과 다르다. 세상은 올라가야 성공이라 하지만, 하나님 나라는 내려가는 길이라고 한다. 예수의 길을 외면하려 할 때마다 다시 질문해야 한다. 나는 지금 누구의 자리를 원하고 있는가. 나는 무엇을 증명하고 싶은가.

높아지려는 마음이 생길 때면 예수님을 바라보아야 한다. 그분의 낮아짐과 섬김을 다시 묵상해야 한다. 내 중심에 섬김이 없다면, 나는 길을 잃은 것이다.

섬김은 본능이 아니다. 선택이고, 훈련이고, 은혜다. 나를 죽이는 연습을 할수록 더 많이 살아나는 것이 섬김의 능력이다. 예수님의 길은 그런 삶이다. 섬김의 삶은 손해처럼 보이지만, 결국 영원한 승리를 이끄는 길이다. 말없이 섬기고, 조용히 손해를 감수한다. 내 이름이 잊혀져도, 예수님의 이름이 빛나는 것이 섬김이다.

대속물이 되어주는 사랑

절도를 저지른 노모가 재판정에 끌려왔다. 그 나라에는 절도를 저지른 사람의 손을 절단하는 법이 시행되고 있었다. 안타깝게도 절도를 범한 여인은 왕의 어머니였다. 왕은 딜레마에 빠졌다. 법을 어기면 통치의 정당성을 잃는다. 어머니를 벌하면 마음이 무너진다.

왕은 스스로 어의를 벗고, 단상에 올라가 자신의 손을 형벌대 위에 올려놓았다.

"내가 대신 받겠다."

그 장면은 공의와 사랑이 맞닿은 지점이다.

사랑이란 '대신하는 것'이다. 사랑이란 누군가를 위해 자리를 내주는 것이 아니라, 벌까지도 감수하는 것이다.

예수님은 말씀하셨다.

"… 자기 목숨을 많은 사람의 대속물로 주려 함이라" (막 10:45)

"대속물" 이 단어는 교회에서 너무 자주 들어서 그런지 가볍게 지나치기 쉽다. 쉽게 지나칠 수 있는 개념이 아니다. 누군가가 죄를 지었고, 누군가는 그 죄값을 감당해야 했다. 그 누군가가 나를 대신해 주었다. 예수님이 그 누군가가 되어 나 대신 그 자리에 서셨다.

한번은 이런 생각이 들었다. 내가 누군가의 죄값을 대신 감당해야 한다면 어떨까. 그 사람이 내게 상처를 준 사람이라면? 내가 잘 알지도 못하는 사람이라면? 그것은 단순한 용서를 넘어서는 일일 것이다. '대속적 섬김'은 내가 손해 보는 정도의 차원이 아니다. 나를 내려놓고, 내 생명을 그 사람의 구원을 위해 내어주는 것이다.

예수님의 십자가는 막연한 희생이 아니다. 죄인인 나를 위해 그분이 스스로 형벌대에 오른 사건이다. 법정의 왕이 자기 손을 내준 것처럼, 예수님은 하나님이셨음에도 불구하고 그 자리에 서셨다. 그것이 대속이다.

나는 여전히 받기만을 원한다. 예수님은 섬기셨지만, 섬김을 피하고 싶어 한다. 예수님은 낮아지셨지만, 높아지기를 꿈꾼다. 예수님은 죽으셨지만, 살아남으려고 애쓴다. 예수님을 믿는다고 하지만, 예수님처럼 살지는 못한다. 나의 모습은 늘 역행이다.

가장 큰 사랑은 불합리해 보인다. 세상이 보기에 어리석은 결정일지라도, 그 결정이 누군가를 살린다면, 그건 진짜 섬김이다. 예수님의 길이 그랬다. 많은 사람이 외면했고, 제자들도 이해하지 못했지만, 그 길 끝에는 생명이 있었다.

내가 그 길을 따를 수 있을까? 솔직히 자신이 없다. 예수님은 말씀하셨다.

"아무든지 나를 따르려거든 자기를 부인하고, 날마다 자기 십자가를 지고 나를 따를 것이니라" (눅 9:23)

그 말씀은 명령이라기보다 초대처럼 들린다. 나를 억누르는 부담이 아니라, 함께 걷자는 손짓처럼 말이다. 대속의 섬김은 혼자 견디는 길이 아니다. 예수님이 앞서 걸으셨고, 지금도 함께 하시는 길이다.

어쩌면 나도 누군가의 인생에서 '대속물'이 될 수 있을지도 모른다. 내가 먼저 참아주는 것으로, 먼저 기도하는 것으로, 먼저 무릎을 꿇는 것으로. 작은 섬김이지만 그것으로 누군가를 살릴 수 있다면 말이다.

사랑은 결국 나를 내어주는 일이다. 그 사랑은 헛되지 않다. 그 길 끝에서 예수님을 만나게 되리라 믿는다.

왜 나는 복음을 전하지 않는가

복음 전도를 이야기할 때면 어딘가 불편해진다. 죄책감도 있고, 부담도 있다. '전도해야 한다'라는 말은 그리스도인이라면 당연한 명제다. 하지만 누군가에게 복음을 전하는 일은 생각보다 어렵고 멀게 느껴진다. 이유는 여러 가지다. 바빠서, 타이밍이 맞지 않아서, 내가 먼저 잘 살아야 할 것 같아서. 그런 것은 진짜 이유가 아니다. 모든 이유 뒤에 있는 진짜 이유는 따로 있다. 대속물이 되어 누군가를 섬기고 싶지 않은 것이다. 시간을 내어야 하고, 기다려야 하고, 관계 속으로 깊이 들어가야 한다. 내 마음이, 내 여유가, 내 체면이 깨질 수 있는 일이기 때문이다.

"내가 이를 위하여 왔노라" (막 1:38)

"나는 의인을 부르러 온 것이 아니요, 죄인을 부르러 왔노라" (막 2:17)

예수님의 길은 처음부터 분명했다. 잃어버린 자를 찾기 위해 오셨다. 말씀을 전하기 위해 마을을 옮기셨고, 병든 자 곁에 머무셨다.

왜 나는 복음 전하는 것을 힘들어할까? 전도는 귀찮고 나를 불편하게 하는 일이다. 전도는 대속물이 되어 섬기려는 마음이 없으면 부담만 가득할 뿐이다. 내 마음을 꿰뚫는 말이다. 나는 대속물이 되고 싶지 않은 것이다.

전도는 내가 가진 것을 나눠주는 일이 아니다. 나를 내어주는 일이다. 그래서 어렵고, 피하고 싶다. 부담스럽고, 두렵다. 복음은 단순한 정보가 아니다. 복음은 생명이다. 누군가를 살리는 이야기이고, 누군가의 절망 속에 빛이 되는 소식이다.

그런데 왜 나는 이 생명을 말하지 않는가. 왜 누군가가 죽어가는 걸 알면서도 침묵하는가. 그 이유는 분명하다. 그 사람의 고통을 내가 함께 짊어지고 싶지 않기 때문이다. 그 사람의 질문, 의심, 망설임을 함께 기다려주기 싫기 때문이다. 내 안에 여전히 나를 위한 신앙만 있고, 그들의 생명을 위한 신앙은 없기 때문이다.

전도는 말이 아니라 삶이다. 그래서 쉽지 않다. 지치고, 아프고, 여유가 없다. 그럴 때마다 예수님을 떠올린다. 누구보다 피곤했지만,

말씀을 전하기 위해 또 다른 마을로 가셨던 예수님을. 거절당하고, 조롱당하면서도 복음을 전했던 예수님을.

그 예수님이 오늘 내게 말씀하신다.

"나는 너를 위해 대속물이 되었다. 그러니 너도 누군가를 위해 대속물이 되어 줄 수 없겠니?"

나는 아무 말도 할 수 없다. 복음을 전하지 못한 수많은 순간이 스쳐 지나간다. 바쁘다는 핑계로, 준비되지 않았다는 이유로 외면했던 사람들. 그들의 고통과 절망 앞에서 외면했던 내 시선을 생각한다. 그들에게 예수님의 눈이 되어주지 못했다. 그들의 영혼에 예수의 마음을 보여주지 못했다.

전도는 대속적 섬김이다. 내 시간을 내어주는 것. 내 계획을 내려놓는 것. 내 감정을 바닥까지 쓰는 것. 내가 대신 손해를 보고, 대신 기다리고, 대신 울어주는 것. 그렇게 누군가의 구원을 위해 나를 내어주는 것. 그것이 복음 전도의 시작이다.

오늘도 예수님은 나를 바라보시며 묻고 계신다.

"너는 왜, 복음을 전하지 않니?"

그 질문을 외면하지 않고 나의 입을 여는 것부터. 그 사람의 아픔에 귀 기울이는 것부터. 내가 가진 여유를 내어주는 것부터. 한 걸음씩 대속물이 되어가는 길을 걷기로 다짐해 본다. 복음은 그렇게 살아야 전해진다. 그렇게 전할 때, 누군가 살아난다. 내가 대신 죽을 각오로 섬길 때, 그가 살아난다. 그것이 복음의 힘이다.

잊혀진 예수의 길

한 교인이 교회를 떠나며 이런 말을 했다.
"누구 하나 나를 진짜 보살펴준다는 느낌은 없었어요."
그 말은 오랫동안 마음에 남았다.
교회 안에서 상처를 받는 이유는 여러 가지다. 가만히 들어보면 결국 관계의 부재다. 사랑이 빠진 섬김, 계산된 친절, 위계 속의 봉사. 그런 것들이 상처를 주고, 관계를 지치게 만든다.
예수님의 길은 분명했다.

"자기 목숨을 많은 사람의 대속물로 주려 함이라"(막 10:45)

예수님은 섬기셨다. 끝까지, 죽기까지. 그 섬김은 누군가를 감동시키기 위한 일이 아니었다. 단지 구원을 위한 섬김이었다. 말 그대로 대속물이었다. 그런데 오늘날 교회는 그 길에서 멀어졌다. 예수님을 따르는 듯하지만, 실제로는 자리를 원하고, 영향력을 꿈꾼다. 예수님이 자기를 낮추셨듯, 우리도 그렇게 낮아져야 하는데, 오히려 더 높아지려 애쓴다. 예수님은 무릎을 꿇으셨는데, 우리는 권위를 세운다. 예수님은 아무것도 주장하지 않으셨는데, 우리는 자기 권리를 포기하지 못한다.
사도 바울은 말했다.

"하나님의 복음뿐 아니라 우리의 목숨까지도 너희에게 주기를 기뻐함은…" (살전 2:8)

복음을 전하는 것만으로는 충분하지 않다고 했다. 자기 목숨까지도 내어주는 사랑, 그것이 진짜 복음의 전달이었다. 그 사랑은 오직 예수의 길을 따를 때만 가능하다.

사도 요한도 말했다.

"그가 우리를 위하여 목숨을 버리셨으니 우리가 이로써 사랑을 알고 우리도 형제들을 위하여 목숨을 버리는 것이 마땅하니라" (요일 3:16)

예수님의 섬김은 사랑이 무엇인지 알게 한다. 예수님을 따른다면, 예수님처럼 자신을 내어주는 섬김으로 사랑을 증명해야 한다. 그러나 예수님을 사랑한다고 말하면서 실제로는 나를 지키고 싶어 한다. 잃어버리기 싫고, 손해 보기 싫다. 그래서 갈등을 피해 다니고 관계에서 벽을 친다. 누군가의 아픔을 외면한다. 예수님의 길 앞에서 고개를 돌린다.

오늘날 교회가 힘을 잃었다고 한다. 복음이 전해지지 않고, 변화가 없다고 한다. 왜일까? 예수님의 길을 '믿기만' 하고, '살지 않기' 때문일 것이다. 십자가를 '자랑'하면서도, 정작 내 삶에서는 그 십자가를 피한다. 예수님이 걸으신 그 길을 나도 걷겠다고 고백하면서 막상 내 시간과 감정을 쏟는 일에는 인색하다.

"우리 주 예수 그리스도의 십자가 외에 결코 자랑할 것이 없나니…"(갈 6:14)

이 말씀이 나를 찌른다. 나는 무엇을 자랑하며 살아가고 있는가. 예수님의 십자가인가, 내 의로움인가. 예수님의 섬김인가, 내 자리인가. 예수님의 길은 세상의 길과 반대다. 힘으로 싸우는 대신, 무릎을 꿇는다. 지적하기보다 손을 잡는다. 정죄하지 않고 기다린다. 가르치기보다 함께 운다. 그리고 마지막엔 자기 생명을 내어준다. 이것이 예수의 길이다.

그러나 나는 자주 그 길을 잊었다. 가끔은 알고도 피했다. 나 자신을 내어주고, 나 자신을 죽이기보다 내가 살아 있기를 원했다. 예수님은 다시 나를 부르신다. 예수님의 그 길을 걷는 삶을 살라고 말이다. 세상이 주는 성공이 아니라 예수의 발자취를 따라가는 삶으로 말이다. 눈에 띄는 영향력이 아니라, 조용히 누군가를 살리는 섬김의 모범을 보이신 예수의 길을 걸으라고…. 내가 잊었던 예수의 길 말이다.

다시, 예수의 길에서

"너도 나처럼, 대속물이 되어 섬기지 않겠니?"

나는 그 물음 앞에 도망칠 수 없다. 예수님은 나의 구세주이시고, 내가 따라야 할 모범이시다. 십자가는 나의 구원을 위한 사건일 뿐 아니라, 내가 살아야 할 방식이다. 그 길은 외롭지 않다. 예수님이 함께 걸으셨고, 지금도 걷고 계시기 때문이다. 그 길은 희생의 길이다. 그 길 끝엔 생명이 있다. 누군가를 살리는 길이고, 나 자신도 다시 살아나는 길이다.

나는 다시 예수의 길로 돌아간다.

높아지려는 마음을 내려놓고, 누군가의 대속물이 되는 삶을 택한다. 복음을 말하는 데 머물지 않고, 복음을 살아내는 쪽을 선택한다. 잊었던 예수의 길, 그 길에서 다시 시작한다. 그 길을 따르지 않고서는, 진짜 제자가 될 수 없다. 그 길을 외면한 신앙은 껍데기일 뿐이다.

솔직히 나는 그 길이 부담스럽고 두렵다. 그러나 그 길에서만 진짜 자유를 경험할 수 있다. 순종은 나를 죽이는 것이다. 순종 속에서만 진짜 기쁨을 발견한다. 그 길에 예수님이 계시기 때문이다.

묵상과 적용을 위한 제안

1. 예수님께서 "섬기려 하고, 자기 목숨을 많은 사람의 대속물로 주려 한다"고 하신 말씀 앞에서, 지금 내가 걷고 있는 삶의 방향이 예수님의 길과 얼마나 닮아 있는지를 진지하게 묵상해 보라.

2. 나의 일상 속에서 높아지고 싶었던 순간들, 인정받고 싶어서 계산하고 경쟁했던 태도를 돌아보며, 그 중심에 진정한 섬김이 있었는지를 성찰해 보라.

3. 오늘 하루, 누군가를 위해 먼저 내려놓고 먼저 다가가는 작고 구체적인 섬김 하나를 실천하며, 예수님의 대속적 사랑을 따라 사는 삶을 선택해 보라.

10. 십자가에 죽으신 예수 생각

요한복음 12:23-25

23) 예수께서 대답하여 이르시되 인자가 영광을 얻을 때가 왔도다 24) 내가 진실로 진실로 너희에게 이르노니 한 알의 밀이 땅에 떨어져 죽지 아니하면 한 알 그대로 있고 죽으면 많은 열매를 맺느니라 25) 자기의 생명을 사랑하는 자는 잃어버릴 것이요 이 세상에서 자기의 생명을 미워하는 자는 영생하도록 보전하리라

다시 십자가 앞에 서다.

십자가 앞에 설 때마다 마음이 정지되는 것 같다. 어릴 적 교회 벽에 그려진 예수님의 형상은 어쩐지 단정하고 미화된 고통처럼 보였다. 그분이 실제로 겪으셨던 고통은 그런 수준이 아니었다. 피를 흘리셨고, 조롱당하셨고, 철저히 버림받으셨다. 그 십자가는 하나님이 인간에게 드러내신 가장 깊은 사랑이다. 내가 누구인지 가장 적나라하게 보여주는 거울이다.

가끔은 '믿는 것'이 습관처럼 느껴질 때가 있다. 예배드리고, 기도하고, 말씀도 읽지만, 십자가는 여전히 멀게만 느껴진다. 왜 멀어졌을까. 십자가를 '지나간 사건'처럼만 여겼기 때문은 아닐까. 십자가

는 감상하는 것이 아니다. 통과하는 것이다. 그 앞에 서서 자신을 직면하고, 그 죽음에 동참하며, 다시 살아나는 자리다.

예수님은 말씀하셨다.

"한 알의 밀이 땅에 떨어져 죽지 않으면 한 알 그대로 있고, 죽으면 많은 열매를 맺는다"(요 12:24).

스스로 밀알이 되셨다. 죽음을 택하셨고, 부활로 열매를 맺으셨다. 그 길을 따르지 않고서는 진짜 제자가 될 수 없다. 십자가를 통과한 자만이 부활을 맞이한다.

나는 수시로 십자가를 다시 묵상하려고 애쓴다. 예수님이 왜 죽으셨는지, 왜 십자가여야 했는지 스스로 질문하며 십자가를 묵상한다. 그분의 희생이 내 삶에 어떤 의미가 있는지 돌아본다. 나는 십자가를 아는 사람이 아니라 살아내는 사람이 되고 싶기 때문이다.

감상하는 신앙에서 통과하는 신앙으로

벽에 걸린 그림에 눈을 뗄 수 없었다. 그림에는 십자가가 음악으로 새겨져 있었다. 그림은 세 종류의 사람을 보여주고 있었다. 그 십자가라는 벽을 통과하기 위해 십자가 앞에 서 있는 사람, 십자가 벽을 통과하는 사람, 그리고 이미 통과한 사람이다.

그 그림을 보다가 나는 그들 중에 어떤 사람일지 생각해 보았다.

많은 사람이 예수님의 고난에 눈물은 흘린다. 그런데 그 고난을 받으실 수밖에 없게 한 자기 죄에 관해서는 무감각하다. 예수님의 고통을 보고 슬퍼하면서도, 그 고통의 진짜 원인이 '내가' 아니라는 듯이 살아간다. 그것이 바로 '감상하는 신앙'이다.

나는 십자가를 감상한 적이 많았다. 좋은 그림을 보듯, 깊은 음악을 듣듯, 한 편의 영화처럼. 십자가를 바라보다가 눈물을 흘린 적도 있었다. 마음 깊은 곳에서 밀려오는 감동을 느낀 적도 있었다. 하지만 십자가를 통과하지는 않았다. 십자가 찬양을 부르지만, 나의 죄가 예수님을 그토록 고통스럽게 만들었다는 진실은 외면하려 했다.

예수님은 왜 죽으셔야 했을까. 그분은 왜 '십자가'라는 가장 고통스러운 방식으로 죽으셔야 했을까. 그 질문 앞에서 내가 발견한 것은 나의 이기심, 나의 숨겨진 동기, 나의 가면과 내면. 작은 잘못이 아니었다. 하나님을 무시하고, 내 방식대로 살겠다고 외치는 깊은 반역이었다.

십자가는 죄에 대한 하나님의 거룩한 대답이다. 예수님은 나의 죄를 담당하셨다. 나의 교만, 나의 탐욕, 나의 외면과 방관, 그리고 나의 자기중심성에서 시작된 반역을 담당하셨다. 십자가는 죄의 실상을 드러내는 가장 정직한 거울이다. 십자가는 나의 자존심을 찢는다. 내가 얼마나 스스로를 높이고 싶어 하는지, 얼마나 인정받고 싶어 하고, 얼마나 비난받는 것을 두려워하는지를 들추어낸다. 그 모든 감정의 뿌리에는 하나님 없이 살고 싶어 하는 반역하는 자아가 있다.

예수님은 십자가 앞에 서 있는 나를 부르신다. 감상으로 끝내지 말라고. 통과하라고. 십자가 앞에 멈추지 말고, 그 십자가를 지나 삶으로 들어오라고. 거기서 죽으라고. 그리고 거기서 다시 살아나라고.

죽음 없이는 부활이 없다. 눈물은 회개의 시작일 뿐, 끝이 아니다. 진짜 신앙은 십자가를 '통과'하는 죽는 과정이다. 그곳을 지나야 새로워진다. 그 피가 나를 덮을 때, 나는 진짜로 살아난다. 오늘 나는 감상을 멈추고 십자가 속으로 들어간다. 십자가를 통과하기 위해서. 십자가 속에서 나의 죄를 대신히 고통당하신 예수님을 만나기 위해서.

그때 거기 있었는가

"거기 너 있었는가 그때에 주님이 십자가에 달릴 때…"

이 찬송을 처음 부른 것은 어린 시절 주일학교에서다. 찬송을 부를 때마다 '나는 어디에 있는가?'를 생각한다. 나는 그 자리에 없었다. 예수님이 십자가에 달리실 때, 나는 그 자리에 없었다. 그 자리에 있지도 않았고, 그 시대에 살지도 않았다. 왜 찬송가는 나에게 그렇게 묻고 있는 걸까?

고등학교 시절, 수련회에서 밤늦게까지 찬양을 부르며 기도하고 있었다. 그 찬송을 부르는데, 이번엔 가슴이 미어졌다.

"거기 너 있었는가 그때에…"

그때 알게 되었다. 나는 그 자리에 있었다. 육체로는 아니지만, 내 죄가 예수님을 십자가에 못 박았다는 사실 앞에서 그 자리는 나의 자리였다. 예수님의 손과 발을 뚫은 못은 로마 군인의 손에 들린 못이 아니라 내 안의 교만과 이기심이었다.

예수님이 십자가에 달리신 이유를 묻는다면, 정답은 하나다. 나 때문이다. 내 죄 때문이다. 그 죄는 단지 도덕적 잘못이나 실수의 목록이 아니다. 하나님의 존재를 무시하고, 나를 하나님보다 앞에 세우려 했던 모든 생각과 행동이었다. 모든 것을 나 중심으로 생각하고 결정하고 행동하는 교만과 불순종이었다. 그 죄가 예수님을 십자가에 내몰았다.

"거기 너 있었는가?"

이 질문은 예수님이 고난을 받으셨다는 사실에 감정적으로만 반응하라는 말이 아니다. 눈물 흘리라는 말도 아니다. 그 고난에 책임이 있다는 것을 인정하라는 말이다. 그 고통은 나를 위한 것이고. 예수님의 피는 나를 위한 피라고. 그 피가 아니면 나는 하나님 앞에 감히 설 수 없다고.

친구 목사님에게서 들은 이야기다.

십자가 펜던트를 손에 꼭 쥔 여자 성도님이 눈물 흘리며 이렇게 말했단다.

"예수님은 너무나 큰 고통을 당하셨어요."

그녀와 대화를 나던 목사님은 깜짝 놀랐다고 했다. 그 성도님은 왜 예수님이 고난을 받으셨는지 이해하지 못하고 있었기 때문이다. 그녀에게 예수님의 고통은 감정적으로 안타까운 장면일 뿐이었다. 목사님은 그 일을 계기로 자신의 죄 때문이라는 인식이 없이도 얼마든지 십자가를 생각하며 눈물을 흘릴 수 있다는 것을 깨달았다고 했다.

그 여자 성도의 모습이 낯설지 않다. 나도 그럴 때가 있기 때문이다. 십자가를 감상하며 눈물을 흘리지만, 나의 죄와 연결시키지 못할 때가 있었다. 예수님의 고난을 나와 무관한 것처럼 느낄 때가 있었다. 회개하는 마음 없이 십자가를 바라보는 것은 마치 미술작품을 감상하는 것과 다를 바 없다.

예수님은 십자가 위에서 처음으로 아버지께 외면당하셨다. 그 고통은 세상의 어떤 죽음보다 무거웠다. 십자가에 절규하신 예수님을 통해 죄가 무엇인지를 배우게 된다.

"어찌하여 나를 버리십니까?"

죄의 본질은 하나님과의 단절이다. 죄는 반드시 고통이 따른다. 나의 죄를 위해 고통을 받으셨다. 그 고통이 실제라면 그 구원도 실제여야 한다. 그분이 나를 위해 죽었다는 사실이 진리라면 나는 그 죽음 앞에 반응해야 한다. 그 죽음은 나의 구원을 위한 것이다. 나의 길을 새롭게 여는 문이다. 예수님의 죽음은 썩어짐이 아니라, 생명을 품은 희생이었다. 자신을 포기하심으로 나를 얻으셨다. 나는 그 죽음으로 살아났다.

나는 여전히 자신을 내려놓지 못한다. 모든 판단의 중심엔 나 자신이 있다. 예수님의 십자가 앞에서 감동은 받지만, 그 감동이 삶으로 이어지지 못하는 이유다. 십자가는 바라보는 것이 아니라 지나야 할 길이다.

"그때 거기 너 있었는가?"

이 질문은 오늘도 나를 찌른다. 나는 그때, 거기에 있었다. 나는 예수님을 죽게 한 죄인이었다. 그 자리가 구원의 시작이었다. 내 죄가 드러난 자리에서 하나님의 사랑도 드러났다. 그 사랑은 여전히 나를 붙잡고 있다.

희생 없는 밀알은 밀가루가 될 뿐

밀알 하나를 손에 쥐어 본 적이 있다. 작고 단단하고 무색한 알갱이. 그 속엔 생명이 들어 있다고 했다. 하지만 그 생명이 드러나기 위해선 반드시 한 가지 과정을 거쳐야 했다. 죽는 것이다. 정확하게는 껍질이 썩는 것이다. 그 단단한 껍질이 벗겨지고, 땅속 어둠 속에서 사라져야 생명은 움튼다.

예수님은 말씀하셨다.

"한 알의 밀이 땅에 떨어져 죽지 아니하면 한 알 그대로 있고, 죽으면 많은 열매를 맺느니라."

 죽어야 한다. 희생 없이는 열매가 없다. 그런데 나는 희생 없이 열매 맺기를 바랐다. 아무도 나를 오해하지 않고, 아무도 나를 괴롭히지 않는 상황 속에서 자연스럽게 성숙하고, 인정받고, 열매를 맺기를 원했다. 그건 밀알이 아닌, 밀가루의 길이었다.

 "희생이 없는 밀알이 할 수 있는 최선은 밀가루가 되는 것이다."

 밀알은 썩지 않으면 밀가루가 될 뿐이다. 부드럽게 분쇄되어 누군가의 식탁에 올라갈지는 몰라도, 그 안에 담긴 생명은 없다. 그저 유통되고, 소비되고, 소모될 뿐이다.

 나는 밀알일까, 밀가루일까.

 십자가 앞에서 여전히 살아 있고, 열매는 맺지 못하고 있는 것은 아닌가. 진짜 밀알은 자기 형체마저 사라지도록 썩는 길을 택한다. 바로 그곳, 자신을 온전히 내려놓은 자리에서 생명은 비로소 시작된다.

한 알의 밀알처럼

 전라남도 외딴 섬에서 태어나서 세상 누구도 주목하지 않던 한 여인이 있었다.

 그의 이름은 문중경이다.

 아기를 낳지 못해 시댁에서 심하게 구박받았다. 결국 집을 떠나 서

울로 향했던 여자다. 죽으려고 떠난 길에서 예수님을 만났다. 그 뒤로 자신의 생을 밀알처럼 던졌다. 고향으로 돌아가야겠다고 결심했다. 아무도 반기는 사람 없는 곳에서 찬송을 불렀다. 길에서, 마당에서, 섬의 어귀에서. 애 못 낳는다고 쫓겨난 여자가 돌아와 찬송을 부르자 사람들은 비웃었다. 그녀는 멈추지 않았다. 한 알의 밀처럼 썩어지기로 했기 때문이다. 복음을 들고 섬을 옮겨 다녔다. 그렇게 썩어지는 삶을 살다 그녀의 생애는 순교로 끝났다.

그런데 끝이 아니었다.

그녀의 전도로 목사가 된 이가 68명이 된다고 한다. 김준곤, 이만신 외에도 수많은 목회자와 사역자들이 나왔다. 한 알의 밀이 썩어 수십 배, 수백 배의 열매를 맺은 것이다. 그녀는 자기를 위해 살았던 인생이 아니었다. 그녀의 삶엔 위대한 전략도, 세련된 플랜도 없었다. 단지 복음을 전했고, 그 복음을 위해 자신을 던졌다. 죽음을 택했기에 생명이 피어났다.

복음은 결국 누군가의 희생으로 전해진다. 그 희생은 일회성이 아니다. 매일 죽는 것이다. 매일 자기 자신을 내려놓는 것이다. 매일 자기가 없어지는 훈련이다. 말보다 삶으로 드러나는 복음이 되는 것이 진짜 증거다. 세상은 복음을 듣지 못한 게 아니라, 복음을 살아내지 않는 신자들을 보고 실망한 것이다.

니체는 이런 말을 했다고 한다.

"그리스도인들이 좀 더 구원받은 자답게 살았다면 나도 그 구원자를 믿을 수 있었을 것 같다"

그 말이 뼈아프게 들린다. 복음은 말로 전하는 것이 아니다. 밀알이 썩는 모습, 누군가를 위해 조용히 죽는 모습을 통해 복음은 전해진다. 내가 살아남으려는 모든 시도를 멈춰야 한다. 밀알처럼, 그분처럼, 죽는 쪽을 선택해야 한다.

나는 한 알의 밀처럼 살고 있는가. 아니, 나는 땅에 떨어졌는가. 여전히 높은 곳, 농부의 허리춤에 남아 있는 것은 아닌가. 예수님의 비유가 주는 메시지는 분명하다. 땅에 떨어져야 한다. 죽어야 한다. 썩어야 한다. 그 과정을 거치지 않으면 열매는 없다.

누구나 열매를 맺고 싶어 한다. 그 열매를 위해 기꺼이 자신을 낮추고 포기해야 한다는 사실 앞에선 주저한다. 외면받아도 사랑하고, 오해받아도 진리를 지키며, 손해를 감수하면서도 복음을 전해야 하는 삶을 말이다.

부끄럽지만 나도 죽지 않으려 할 때가 많다. 내 자존심을, 내 평판을, 내 안락함을 그대로 두고 싶어 한다. 그러면서 열매를 바라며 기도한다. 생명은 죽음을 통과해야 나온다. 예수님이 그렇게 하셨다. 십자가는 죽음이었고, 그 죽음은 생명이 되었다.

문중경의 삶은 단지 감동적인 이야기가 아니다. 그녀는 복음을 전했고, 그 복음은 또 다른 생명을 깨웠다. 복음은 그렇게 퍼진다. 어디서부터 시작될지 모르는 한 사람의 썩어짐에서 시작된다. 밀알은 흙속에서 썩어진다. 그처럼 누구의 눈에도 보이지 않는, 그러나 하나님이 아시는 썩어짐이 바로 밀알의 비밀이다.

오늘 나는 어디에 있는가. 땅에 떨어졌는가. 아니면 여전히 땅 위에서 빛을 받으려만 하고 있는가. 내 안에 생명이 움틀 수 있는 조건은 썩는 것이다. 썩기 전엔 열매가 없다. 흙 속에 묻혀야 한다. 솔직히 죽는다는 말이 무섭다. 하지만 예수님은 말씀하셨다.

> "자기의 생명을 사랑하는 자는 잃어버릴 것이요 이 세상에서 자기의 생명을 미워하는 자는 영생하도록 보전하리라"(요 12:25)

생명을 얻고 싶다면 잃어야 한다. 영생을 원한다면 생명을 내려놓아야 한다. 한 알의 밀이 되는 삶은 쉽지 않다. 하지만 썩어져야 한다면, 기꺼이 썩겠다고 다짐하고 나를 흙 속에 묻고 사라져야 한다. 나를 통해 누군가 살아날 수 있다면 기꺼이 사라지겠다는 마음으로.

나는 밀알이 되고 싶다

익히 알고 있다고 생각했던 그 사건. 그러나 가만히 들여다보면 여전히 마음 깊은 곳엔 피하고 싶은 것이 솔직한 마음이다. 십자가는 감동으로 그쳐서는 안 된다. 내가 예수님의 손에 못을 박았다. 예수님의 피는 나를 위한 피였다.

　십자가 앞에 서야 내가 보인다. 나는 한 알의 밀알이다. 문제는 썩어지는 밀알이 되는가다. 십자가는 썩으려 하지 않고, 죽으려 하지 않는 나를 보여준다. 무언가를 내어주는 일에 계산부터 하는 나의 모습을 적나라하게 보여준다. 예수님은 그런 나를 위해 죽으셨다. 하늘의 영광을 버리시고, 땅끝까지 낮아지셨다. 그분은 말이 아니라 삶으로 보여주셨다. 죽는 것이 생명을 낳는 길이라는 것을 말이다.

　"거기 너 서 있는가?"

　십자가 앞에서 그 질문에 대답해야 한다. 결단해야 한다. 십자가를 감상하는 데서 머무르지 않겠다고, 그 길을 통과하며 살아가겠다고. 나의 썩어짐으로 예수님의 생명이 피어나기를 소망하며 살겠다고. 밀가루처럼 소비되지 않고, 복음을 위한 밀알로 남겠다고.

묵상과 적용을 위한 제안

1. "한 알의 밀이 땅에 떨어져 죽지 아니하면 한 알 그대로 있고, 죽으면 많은 열매를 맺는다"는 말씀 앞에서, 지금 내 삶은 죽어지는 밀알의 길 위에 있는지, 아니면 여전히 살아 있으려는 자리에서 머물고 있는지 묵상해 보라.

2. 나는 예수님의 십자가를 단지 감상하며 눈물 흘리는 신앙에 머무르고 있지는 않은지, 그 고통이 내 죄 때문임을 진심으로 인정하며 삶의 방향을 바꾸려는 결단이 있었는지를 돌아보라.

3. 오늘 하루, 내가 기꺼이 썩어질 밀알처럼 누군가를 위해 포기하고, 손해 보고, 감춰지는 자리를 선택할 수 있는 작은 결단 하나를 실천해 보라.

3부 예수님의 약속을 생각하다.

믿음을 가지고 산다는 것은 '보이지 않는 것을 바라보며 사는 삶'이다. 눈앞의 현실은 무겁고, 마음은 자주 흔들린다. 그럼에도 다시 일어설 수 있는 이유는 예수님이 우리에게 약속하신 말씀들 때문이다.

나는 자주 잊는다.

하나님이 나를 위해 어떤 일을 하셨는지는 곧잘 기억하지만, 그분이 지금도 내 삶 가운데 무엇을 약속하고 계신지는 쉽게 놓쳐버린다.

예수님은 단지 과거의 이야기가 아니다. 지금도 나와 함께 계시고, 여전히 말씀하고 계시고, 반드시 다시 오실 분이다. 그분의 약속은 내 신앙의 '지금'을 지탱하고, '미래'를 열어주는 영적 숨결이다.

나는 평안, 영생, 승리, 성령, 그리고 다시 오심이라는 약속을 다시금 붙든다. 삶이 무너질 듯한 순간에도, 사람들에게 상처받고 나 자신에게 실망할 때도, 그 약속이 나를 지탱해주었기 때문이다. 그 약속은 한 번도 실패한 적이 없다.

세상은 약속을 잘 지키지 않는다. 스스로 결심한 것조차도 오래 붙잡지 못한다. 그러나 예수님의 약속은 다르다. 시간 속에 사라지지 않고, 변하지 않는다. 그분의 약속은 그분의 성품만큼이나 신실하다.

지금 나는 그 약속 위에 서 있다. 아직 다 보이지 않아도, 아직 다 이해되지 않아도, 예수님의 약속이 내 발걸음을 다시 앞으로 내딛게 한다.

이제 그 약속을 생각하며 마지막 여정을 걸어보려 한다. 마지막엔 다시 처음처럼 예수님을 조용히 떠올리며 이렇게 고백하고 싶다.

"예수님, 나는 당신의 약속 안에서 오늘을 살아갑니다."

11. 평안을 약속하신 예수 생각

요한복음 14:27
평안을 너희에게 끼치노니 곧 나의 평안을 너희에게 주노라 내가 너희에게 주는 것은 세상이 주는 것과 같지 아니하니라 너희는 마음에 근심하지도 말고 두려워하지도 말라

예수님이 약속하신 평안을 생각하며

종종 내 마음을 들여다본다. 겉으로는 아무렇지 않은 얼굴을 하고 있지만, 속에서는 여러 가지 생각과 감정이 소용돌이칠 때가 있다. 걱정, 불안, 미련, 후회, 두려움…. 누구에게나 있는 일이라고 애써 넘기기도 하지만, 그럴수록 내 안에 있는 평안의 자리는 점점 좁아진다.

모두가 평안을 원한다. 누구나 "괜찮다"고 말할 수 있는 삶을 살고 싶어 한다. 하지만 그 평안은 유리잔처럼 자주 깨지고, 바람처럼 쉽게 흩어진다. 무사한 하루가 주어졌다는 사실보다, 내일 닥칠 문제에 마음이 불안하다. 누군가에게 위로받는 순간이 있지만, 그 위로조차 지속되지 않는다.

진짜 평안은 어디에 있을까?

진짜 평안이 존재하기는 한 걸까?

예수님은 제자들에게 "내 평안을 너희에게 주노라"(요 14:27)라고 하셨다. 그 말씀을 하셨던 순간을 생각하면 놀라지 않을 수 없다. 자기 죽음을 다가오고 있음을 아셨던 예수님의 입에서 나온 말이다.

"근심하지 말고 두려워하지 말라."

그래서 내 마음에 오래도록 울린다.

'예수님이 주시는 평안이란 도대체 어떤 것일까?'

신앙의 길은 예수님이 주시는 평안을 배우는 여정이다. 문제없는 삶을 약속받는 것이 아니라, 문제 속에서도 흔들리지 않는 마음을 배우는 일이다. 그 평안은 세상이 이해하지 못하고, 세상이 줄 수도 없다. 믿음의 선배들은 그것을 알았다. 고난의 시대를 견딘 사람들, 아픔 속에서 기도했던 사람들은 예수님이 약속하신 그 평안을 경험했다. 눈물 속에서도 평안했고, 쓰러진 자리를 딛고도 평안했다.

흔히 평안을 외적인 조건에서 찾으려 한다. 안정된 직장, 평탄한 가정, 만족스러운 성취…. 하지만 예수님의 평안은 내면에서 시작된다. 예수님이 내 안에 계시고, 내가 예수님 안에 거할 때 오는 평안이다. 평안은 신앙의 가장 큰 열매이자, 신앙의 본질이다.

참 평안을 약속하다.

'평안하다'라는 말을 자주 되뇌어 본다. 너무 흔하게 쓰는 말이지만, 진심으로 "마음이 평안하다"라고 말할 수 있는 순간은 많지 않다. 내가 평안을 잃었던 대부분의 순간은 예상치 못한 일들이 일어났을 때였다. 계획과 다른 상황, 원치 않은 결과, 이해되지 않는 사람들의 반응 앞에서 마음의 평안은 사라졌다. 평안은 마치 먼 곳에 있는 희미한 등불처럼 느껴졌다.

예수님은 곧 십자가를 지셔야 했고, 제자들은 흩어질 것이다. 모든 예측 가능한 평화는 곧 산산이 부서져서 사라질 것이다. 그런 순간에 "너희는 마음에 근심하지도 말고 두려워하지도 말라"(요 14:27)라고 하셨다. 단순한 격려가 아니다. 믿음의 본질에 대한 선언이다. 세상이 줄 수 없는 평안, 그것이 예수님이 주신 약속이다.

한 여 집사님의 삶이 생각난다. 언제나 말없이 교회의 궂은일을 감당하던 분이었다. 모두가 그녀를 존경했고, 신실함을 본받고 싶어 했다. 그녀는 조용히 뒤에서 궂은일을 도맡았다. 아무도 몰랐지만, 그녀의 삶은 눈물로 이어진 긴 골목 같았다.

갓 태어난 날, 신문지에 싸인 채 남의 집 앞에 버려졌고, 누군가의 손에 맡겨져 양부모의 집으로 보내졌다. 그 집은 사랑이 아니라, 매질과 굶주림으로 가득했다. 소녀였던 그녀는 어느 날 공장에 팔려 갔고, 그곳에서 밤낮없이 재봉틀을 돌리며 성장기를 보냈다.

분노는 그녀 안에 깊은 뿌리를 내렸다. 그러던 어느 날 시장 골목을 지나가다 들려온 찬송가 한 소절이 그녀의 발걸음을 멈추게 했다.

"멀리멀리 갔더니 처량하고 곤하며…"

그 소리는 마치 오래 묵은 눈물샘을 두드리는 듯했다. 예배당 안으로 들어선 그녀는 무표정한 얼굴로 앉았지만, 찬송이 흐르고, 설교가 시작되자 마음속이 무장해제 되었다.

"예수님만이 상처를 위로하고 죄를 사하신다."

그 한 마디가 심장을 파고들었다. 그날, 처음으로 아버지를 미워하지 않는 자신을 발견했다. 눈물이 쏟아졌고, 마음 한가운데 낯선 고요가 찾아왔다. 그것이 평안이었다.

그 집사님의 이야기를 들으면서 예수님이 주시는 평안이 어떤 것인지를 선명하게 느낄 수 있었다. 세상은 평안을 위해 싸우라고 말한다. 경쟁에서 이기고, 문제를 해결하고, 상대를 눌러야 겨우 얻을 수 있다고 한다. 하지만 그런 평안은 너무 쉽게 사라지고, 결국 더 큰 불안을 낳는다. 세상이 말하는 평안은 마치 전쟁터 뒤의 정적 같다. 총성이 멈추고, 폐허 위에 잠시 드리운 고요함일 뿐이다.

하지만 예수님이 주시는 평안은 다르다. 예수님은 세상의 소란 한복판에서도 "내가 세상을 이기었노라"라고 하셨다(요 16:33). 그분의 승리는 십자가에서 이뤄졌고, 그 승리 안에서 평안을 누릴 수 있게 되었다. 고난이 끝나야 비로소 평안한 게 아니라, 고난 가운데서도 평안할 수 있는 것이 예수님께서 주신 평안의 약속이다.

평안은 고요한 날씨와 같은 것이 아니다. 바람이 불고, 비가 쏟아져도, 내면의 중심이 흔들리지 않는 상태를 말한다. 그것이 진짜 평안이다. 예수님은 우리에게 그 평안을 주신다. 평안의 왕이 예수님이시다. 그러니 평안은 예수님의 임재인 것이다. 그분과 동행하는 믿음의 열매이기도 하다. 바울은 그 평안의 비밀을 알았다.

"나는 어떤 형편에든지 자족하기를 배웠노라"(빌 4:11)

그 근거를 이렇게 말한다.

"내게 능력 주시는 자 안에서 내가 모든 것을 할 수 있느니라"(빌 4:13)

예수님이 주시는 평안은 능력이다. 환경이 아닌 믿음에 뿌리를 내린 능력이다. 내 안에 평안이 머물 자리가 있는가? 평안을 막고 있는 불안과 염려, 집착과 두려움을 내려놓지 않고 붙들고 있다면, 평안은 들어오지 못한다. 예수님은 우리의 짐을 대신 지는 분이다. 우리가 스스로 해결하려고 애쓰는 한, 그 짐은 우리를 짓누른다. 하지만 그 짐을 내려놓고 예수님께 맡길 때, 마음에 쉼이 찾아온다.

시편 기자는 말했다.

"네 길을 여호와께 맡기라 그를 의지하면 그가 이루시고"(시 37:5)

참 평안은 내 짐을 맡기는 것에서 시작된다. 평안의 다른 이름은 '내려놓음'이다.

예수님은 말씀하신다. "내 평안을 너희에게 주노라." 그분의 음성이 들릴 때마다 나는 마음속에 다시 평안을 초대한다. 세상이 알 수 없는 평안을, 예수님이 주시는 그 샬롬을. 그분과 함께하는 삶 안에서 나는 비로소 참된 평안을 누린다.

고난 중에도 평안을 누리는 믿음

어느 해 유난히 눈이 많이 내리던 겨울이었다. 교회 마당은 하얀 이불처럼 덮였고, 아이들은 환호성을 지르며 눈싸움에 빠져 있었다. 나도 아이들과 뒤섞여 웃고 구르며 함께 놀았다. 볼은 눈바람에 빨갛게 물들었고, 숨은 하얀 입김이 되어 날아갔다.

그러다 갑자기 손끝이 몹시 따가웠다. 장갑을 벗었을 때, 손이 빨갛게 얼어 있었고 감각이 없었다. 급히 안으로 들어와 따뜻한 물에 손을 담갔는데, 그 순간 예상치 못한 극심한 통증이 몰려왔다. 차가움이 물러가고 따뜻함이 닿자, 오히려 아픔이 먼저 왔다.

우리 마음도 그렇다.

"오랫동안 얼어붙은 마음도 따뜻함을 만나면, 기쁨보다 눈물이 먼저 흐른다."

신앙도 그렇다. 오래 고난 속에 머물다 주님의 위로를 만나면, 안도보다 먼저 눈물이 흐른다. 고난이 너무 길었기 때문이다. 평안조차 낯설게 느껴진다. 그 낯선 평안 앞에서 오히려 더 아픔을 느낀다. 바로 그 지점이 우리의 믿음을 다시 새롭게 되는 자리다.

야고보 사도는 권면한다.

"여러 가지 시험을 당하거든 온전히 기쁘게 여기라"(약 1:2).

믿음의 시련이 인내를 만들고, 인내는 우리를 온전하게 만든다. 고난을 겪는 동안 마음속에는 이런 질문이 생긴다.

'이건 대체 무슨 의미일까?'

'왜 나에게 이런 일이?'

그 질문은 자연스럽다. 믿음은 그 질문을 통해 하나님을 더 깊이 바라보게 한다. 하나님은 결코 의미 없는 고난을 허락하지 않으신다.

예수님은 겟세마네 동산에서 기도하셨다.

"내 아버지여 이 잔을 내게서 지나가게 하옵소서."(마 26:39)

그 기도는 너무나 인간적이다. 그런 다음 이렇게 고백하셨다.

"내 원대로 마옵시고 아버지의 뜻대로 하옵소서"

고난 속에서조차 예수님은 하나님의 뜻을 구하셨다. 그분의 마음에는 이미 평안이 있었다. 그것은 하나님 아버지를 전적으로 신뢰하는 믿음에서 오는 평안이었다. 예수님은 그렇게 십자가를 지셨고, 부활하셨다. 우리가 고난 중에도 평안을 누릴 수 있는 이유는 예수님께 있다.

바울은 고난 가운데도 평안할 수 있는 비밀을 알려준다.

"우리가 사방으로 우겨쌈을 당하여도 싸이지 아니하며 답답한 일을 당하여도 낙심하지 아니하며 박해를 받아도 버린 바 되지 아니하며 거꾸러뜨림을 당하여도 망하지 아니하고 우리가 항상 예수의 죽음을 몸에 짊어짐은 예수의 생명이 또한 우리 몸에 나타나게 하려 함이라" (고후 4:8-10)

이유는 단순하다. 바울 안에 계신 예수님 때문이었다. 바울은 고난을 피하지 않았다. 오히려 그 고난 속에서 예수님의 고난에 동참하는 은혜를 경험했다. 고난은 바울에게 있어 하나님의 영광을 드러내는 도구였다. 예수님이 고난 중에 기도하셨듯이, 바울도 고난 속에서 찬송했다.

평안은 그렇게 기도 속에서, 찬송 중에 우리에게 다가온다. 사람들은 흔히 평안은 고난이 끝난 뒤에 오는 것이라고 생각한다. 진짜 평안은 고난 중에도 마음이 무너지지 않는 상태다. 몸은 지치고, 눈물은 흐르지만, 마음 깊은 곳에는 주님의 손길이 머물러 있다. 그것이 믿음의 신비다. 고난이 없으면 오히려 그 평안을 경험할 수 없다. 평안은 고난의 한복판에서 비로소 가치를 발휘한다.

    나는 고난이 깊을수록 더 자주 감사하려고 노력한다. 억지로 감사를 끌어내는 것이 아니라, 그 상황 속에도 하나님이 계신다는 사실을 붙잡기 위해서다. 감사하는 마음에는 염려가 머물 수 없다. 감사는 우리의 시선을 문제를 바라보던 것에서 하나님께로 옮겨준다. 고난 중에 드리는 감사는 가장 순수한 예배가 된다. 예배하는 마음 안에 평안이 찾아오는 것은 당연하다.

    예수님이 주시는 평안은 문제 해결이 아니다. 그 문제와 함께 살아가되, 두려움 없이 살아가게 하는 힘이다. 그 힘은 나 자신으로부터가 아니다. 예수님 안에 있다. 예수님은 지금도 말씀하신다.

> "이것을 너희에게 이르는 것은 너희로 내 안에서 평안을 누리게 하려 함이라"(요 16:33)

    고난 중에 예수님의 십자가를 묵상하면, 나의 고통이 작아지는 것이 아니라, 그 고통을 견딜 힘이 생긴다. 예수님은 나의 모든 연약함을 아시는 분이기에, 그분의 고난이 내 고난과 겹쳐질 때 나는 위로를 받는다. 그 위로가 평안이 된다. 세상이 줄 수 없는 평안, 고난 중에도 빛나는 믿음의 평안말이다.

하나님을 떠난 고아 같은 내 마음"

초등학교 2학년 겨울방학. 서울의 큰아버지 댁에서 한 달간 머물게 되었다. 낮에는 처음 타보는 스케이트에 신이 나고, 밤에는 크리스마스를 기다리는 도시의 불빛 속에서 잠들었다. 모든 것이 새롭고 반짝였던 시간이었다.

어느 날, 고모할머니 댁에서 하룻밤을 자게 되었다. 낯선 방, 낯선 공기, 혼자 누운 이부자리. 그날따라 창밖 바람 소리가 유난히 크게 들렸다.

같이 놀던 육촌 형제가 엄마 품에서 안겨 자는 모습을 본 순간, 말로 설명할 수 없는 서러움이 가슴을 치고 올라왔다. 나는 조용히 이불을 뒤집어쓰고 눈을 꼭 감았다. 소리 없이 눈물이 흘렀다.

그 감정은 지금까지도 내 안에 살아 있다. 아무리 즐겁고 풍요로워도, 사랑하는 이와 떨어진 외로움 앞에서는 평안할 수 없다. 그것은 하나님을 떠난 인간의 내면과도 닮았다. 부모 없이 이 세상을 살아가는 고아의 마음, 그것이 바로 하나님 없이 살아가는 우리 마음의 본질이다.

성경은 인간을 하나님께서 창조하셨고, 그분과의 관계 안에서 살아갈 때만 온전함을 누릴 수 있다고 한다. 그런데 죄로 인해 하나님과 단절된 삶을 살게 되었다. 고아처럼 방황하고, 어디에도 안착하지 못한 채 살아가게 된 것이다. 겉으로는 괜찮아 보이지만, 마음 깊은 곳에서는 여전히 부모와 떨어져 울고 있는 아이처럼 말이다. 아무리 성공하고, 사랑받고, 인정받아도 그 안에 평안함이 없는 이유다.

"영접하는 자 곧 그 이름을 믿는 자들에게는 하나님의 자녀가 되는 권세를 주셨으니"(요 1:12)

예수님을 영접한 사람은 고아로 살지 않는다. 하나님의 자녀다. 하나님과 다시 연결된 존재다. 그분의 품 안에서 쉼을 누린다. 그 사실을 알면서도 여전히 마음 깊은 곳에서 고아처럼 살아가는 사람이 있다.

한 시골 마을에 조용히 살아가는 농부가 있었다. 이른 새벽, 닭이 울기도 전에 마당에 쪼그려 앉아 흙을 만지며 기도했다.

"하나님, 오늘도 제 마음을 온전히 주님께 맡깁니다. 두 갈래로 나뉘지 않게 하시고, 오직 주님의 뜻을 이루는 도구로 써주소서."

이 기도는 그 농부의 하루를 여는 열쇠와 같았다. 마음의 중심을 다시 세우는 고백이었다. 비가 와도, 가뭄이 와도 묵묵히 밭을 일궜다. 다른 이들이 소출을 자랑하며 웃을 때도, 그의 곁에는 소박한 열매와 평안한 미소가 함께했다. 마을 사람들은 그의 얼굴을 볼 때마다 궁금했다.

"왜 당신은 늘 그렇게 평안해 보이나요?"

농부는 웃으며 말했다.

"하나님의 자녀로 살아간다는 것이 제게 가장 큰 평안입니다."

그의 삶은 그 어떤 설교보다 강한 메시지를 전하고 있었다. 평안은 소출이 아니라 소속에서 오는 것이고, 그 소속은 하나님 안에 있다는 확신이었다.

하나님과 연결된 삶이 참 평안의 시작이다. 고아는 살아남기 위해 자기 혼자 세상과 싸워야 한다. 늘 두려움과 긴장 속에 살아간다. 하나님의 자녀는 고아가 아니다. 사랑을 피난처 삼고, 은혜를 숨처럼 마시며 살아간다. 은혜 안에서 자란다. 삶의 모든 일이 부모 되신 하나님께 연결되어 있다는 확신 안에서 평안을 누린다.

예수님은 "고아와 같이 버려두지 않겠다"(요 14:18)라고 하셨다. 성령님을 통해 우리 안에 오셔서 늘 함께하시고, 우리를 인도하신다. 평안은 '혼자가 아니라는 사실'에서 시작한다. 나는 지금 혼자가 아니다. 내 안에 주님이 계시고, 나는 그분의 자녀다. 고난 속에서도, 외로움 속에서도, 내 마음은 평안을 향해 걸어갈 수 있다.

고아의 마음에서 벗어나는 첫걸음은 '예수님을 마음에 영접하는 것'이다. 그분이 나와 함께하신다는 믿음이 자리를 잡을 때, 마음은 서서히 안정된다. 나를 사랑하시는 아버지, 나를 잊지 않으시는 하나님, 나를 끝까지 책임지시는 주님. 그분이 계시기에 오늘도 흔들리지 않는다.

나뉘지 않은 마음이 주는 평안

나는 가끔 아무 일도 하지 않는데도 피곤함을 느낀다. 몸은 가만히 있어도, 머릿속은 종일 돌아가는 기계처럼 분주하다. 생각이 너무 많다. 감정은 뒤죽박죽이다. 생각은 자꾸 다른 길로 샌다. 무엇 하나 제대로 집중하지 못하는 나를 들여다보며, 묻는다.
"지금 내 마음은 어디에 있지?"
마음이 나뉘는 경험은 누구에게나 익숙하다. 매일 무언가를 결정하고 선택하며 산다. 머리로는 하나님을 따르겠다고 하지만, 실제로는 상황과 사람, 감정과 계산에 휘둘릴 때가 많다. 예수님은 마음이 나뉘는 것에 대해 말씀하셨다.

"네 보물 있는 그곳에는 네 마음도 있느니라"(마 6:21)

이 말씀은 돈의 문제가 아니다. 중심이 하나로 모이지 않은 마음의 문제를 말씀한 것이다.
토마스 머튼은 젊은 시절 깊은 혼란과 방황을 경험했다. 자신의 내면이 "하나님을 원하면서도 동시에 세상의 박수갈채를 갈망하는 이중적인 상태"라고 고백한 적 있다. 그 분열된 마음 때문에 끊임없이 흔들렸고, 평안할 수 없었다고 한다. 결국 켄터키의 트라피스트 수도원으로 들어가 세상과 거리를 두었다. 조용한 침묵과 기도 속에서 자신 안에 나뉘어 있던 마음이 서서히 하나로 모여드는 것을 경험했다고 한다.

머튼은 한 편지에서 이렇게 썼다.

"내 안에서 하나님을 향한 사랑이 깊어질수록, 마음의 혼란은 잦아들었고, 나는 그제야 비로소 평안을 알게 되었다."

수도원 생활은 단순한 탈(脫) 세속이 아니었다. 산만했던 마음을 정리하고, 하나님 한 분께로 마음을 집중시키는 훈련이었다. 그렇게 '나뉘지 않은 마음의 평안'을 배웠고, 그것을 글로 나누며 세상에 깊은 울림을 전했다.

시편 86편 11절에서 다윗은 기도한다.

"여호와여 주의 도를 내게 가르치소서 내가 주의 진리에 행하오리니 일심으로 주의 이름을 경외하게 하소서"

'일심(一心)'은 마음의 통일성이다. 하나님을 향한 한결같은 태도다. 상황에 휘둘리지 않는 중심의 고요함이다. 마음이 하나로 모아질 때, 진짜 평안을 누린다.

"주께서 심지가 견고한 자를 평강하고 평강하도록 지키시리

니 이는 그가 주를 신뢰함이니이다"(사 26:3)

중심이 흔들리지 않는 사람, 생각과 감정이 하나로 통합된 사람, 그런 사람에게 주어지는 것이 바로 '평강'이다.

나는 예배 중에도 마음이 흐트러질 때가 많다. 입술은 찬양하지만, 머릿속은 다음 일정을 떠올리고 있다. 기도하면서도 염려의 목록을 정리하고 있다. 그런 나뉜 마음으로는 결코 평안에 이를 수 없다. 주님은 그런 나를 기다리신다. 산만한 생각들을 멈추고, 마음을 고정하라고 초대하신다. 예수님은 언제나 아버지를 향한 일심을 가지셨다. 고난 앞에서도, 십자가 위에서도 마음이 나뉘지 않으셨다. 예수님의 평안은 흔들림 없는 한마음에서 흘러나온 고요였다.

마음을 하나님께 모으는 하루를 살고 싶다. 생각을 그분께 고정하는 하루 말이다. 세상은 여전히 복잡하고 나를 흔드는 일은 끊이지 않겠지만, 그럴수록 더 깊이 주님께 나아가야 한다. 주님의 평안이 나를 다스리길 기도해야 한다.

예수님 안에서 평안을 배우는 삶

"지금 내 마음은 평안한가?"

그 질문은 내 감정을 묻는 말이 아니다. 내가 진짜 어디에 서 있는지를, 무엇을 믿고 기대하며 살아가고 있는지를 확인하고 싶은 물음이다. 삶은 평탄하지 않다. 우리의 일상은 때로 벼랑 끝 같고, 우리의 마음은 쉽게 흔들린다. 그런데도 평안을 말할 수 있을까? 그 물음의 답을 나는 '예수님 안에서' 찾았다.

예수님을 만나면 비로소 평안을 누릴 수 있다. 미움이 용서로 바뀌고, 원망이 감사로 변한다. 그 변화는 예수님이 중심에 계시기 때문이다. 평안은 바로 '예수님이 함께하신다는 믿음'이다.

고난 중에도 평안을 누릴 수 있다는 진리는 결코 이상적인 이론이 아니다. 그것은 예수님이 먼저 걸으신 길이다. 우리가 그분을 따를 때 실제로 경험하게 되는 현실이다. 하나님을 떠난 고아 같은 마음도, 예수님 안에서 회복될 수 있다. 나뉘고 분산된 마음도, 그분 안에서 다시 하나로 모일 수 있다. 예수님을 통해 삶의 모든 자리에서 평안을 배우게 된다.

예수님, 오늘도 당신이 주시는 평안으로 살아가고 싶습니다. 어떤 상황에도 당신 안에서 흔들리지 않는 중심을 지니게 하소서. 나뉘지 않은 마음으로, 고난 속에서도 감사하며, 자녀 된 기쁨 안에서 살아가게 하소서. 그 평안이 내 마음의 나침반이 되어, 흔들리는 날에도 길을 잃지 않게 하소서.

묵상과 적용을 위한 제안

1. 예수님이 약속하신 평안을 지금 내 삶의 어떤 자리에서 필요로 하고 있는지를 묵상하고, 그 자리에 주님의 임재를 다시 초대해 보라.

2. 나는 평안을 외적인 조건에서 찾으려 하지 않았는지 돌아보고, 하나님 안에서의 소속감과 신뢰가 내 평안의 근원이 되고 있는지를 성찰해 보라.

3. 오늘 하루, 나뉘지 않은 마음으로 주님께 집중하며 살아가기를 결단하고, 그분 안에서 고요하고 흔들리지 않는 평안의 중심을 세워 보라.

12. 영생을 약속하신 예수 생각

요한복음 11:25-26

25) 예수께서 이르시되 나는 부활이요 생명이니 나를 믿는 자는 죽어도 살겠고
26) 무릇 살아서 나를 믿는 자는 영원히 죽지 아니하리니 이것을 네가 믿느냐

죽음을 넘어서는 삶

모두는 언젠가 죽는다는 사실을 알고 있다. 하지만 그 사실을 쉽게 말하지 않는다. 죽음을 회피하거나, 애써 외면하려고 한다. 가까운 사람의 사망 소식을 듣고서야 죽음에 대해 잠깐 생각하는 정도다. 성경은 이렇게 말한다.

"그러므로 모든 육체는 풀과 같고 그 모든 영광은 풀의 꽃과 같으니 풀은 마르고 꽃은 떨어지되"(벧전 1:24)

풀이 시들고, 꽃이 지듯이 우리도 언젠가는 이 땅을 떠난다. 이 땅에서의 삶은 유한하다. 그러나 인간은 유한한 존재로 지어지지 않았다.

하나님은 사람을 창조하실 때, '영원을 사모하는 마음'을 함께 심으셨다. 그 마음은 우리 안에서 때로 불편함으로, 갈망으로, 두려움으로 드러난다. 죽음 너머의 삶이 진짜 있을까? 죽음 이후에는 무엇이 나를 기다리고 있을까?

예수님은 분명한 답을 주셨다.

> "나는 부활이요 생명이니, 나를 믿는 자는 죽어도 살겠고, 살아서 믿는 자는 영원히 죽지 아니하리니 이것을 네가 믿느냐?"(요 11:25,26)

죽음을 넘어서는 삶, 영생에 대한 갈망은 사람이라면 누구나 있다. 모두 영생을 원한다. 영생에 대한 사람들의 오해는 미래의 한 시점에서 시작된다는 막연한 생각이다. 성경은 영생을 미래에 맞이할 삶으로 말하지 않는다. 예수님을 믿는 그 순간부터 영생은 시작된다고 한다.

나는 절대 안 죽어

"나는 절대 안 죽어."

처음 이 말을 들었을 땐 농담처럼 들렸다. 죽음 앞에 누구도 예외가 없다는 것을 모두가 안다. 이 말을 남긴 사람은 단순한 억지가 아니었다. 죽음을 넘어서는 '영생의 확신'을 가진 믿음의 사람이었다. 그는 이어령 교수다. 생의 마지막 시기를 보내면서 그렇게 고백했다. 그 고백이 내 마음에 긴 여운으로 남아 있다.

"나는 절대 안 죽어."

그 말은 죽음을 부정하는 말이 아니다. 죽음을 끝이라고 여기지 않겠다는 말이다. 예수님께서 말씀하신 부활과 생명을 믿는 사람만이 할 수 있는 외침이다.

예수님은 죽은 나사로의 무덤 앞에 서 계셨다. 마르다와 마리아, 두 자매는 똑같이 말했다.

"주께서 여기 계셨더라면 내 오라버니가 죽지 아니하였겠나이다"(요 11:21,32)

슬픔과 원망이 섞인 그 말 앞에서 대답하셨다.

"나는 부활이요 생명이니, 나를 믿는 자는 죽어도 살겠고, 살아서 믿는 자는 영원히 죽지 아니하리니 이것을 네가 믿느냐?"(요 11:25,26)

내가 그 자리에서 있었다면, 나에게도 동일한 질문을 하셨을 것이다.

"네가 이것을 믿느냐?"

나는 정말 믿는다고 고백할 수 있을까? 죽음은 언제나 두렵고 낯설다. 예수님은 죽음을 넘어선 생명을 약속하셨다. '영생'을 말이다. 영생은 단지 오래 사는 것이 아니다. 죽음이 끝이 아님을 믿고, 지금을 하나님의 생명으로 살아가는 것이다. 육신은 언젠가 시들지만, 하나님의 약속은 시들지 않는다. 그 약속은 예수님 안에서 완전하게 드러난다.

죽음을 앞둔 많은 사람이 삶을 정리하며 남긴 말을 기록한 책을 읽은 적이 있다. 그 책에는 후회, 고통, 미련과 같은 것들로 가득했다. 하지만 예수님을 믿는 사람의 마지막은 다르다. 고요하지만 확고한 평안이 있다. 떠남이 아니라 '옮겨 감'이라는 믿음이 있다.

토마스 모어는 왕의 명령을 거부하고 감옥에 갇혔다. 가족들이 그를 설득했다.

"이제라도 뜻을 굽히면, 앞으로 20년은 함께 살 수 있어요."

그는 말했다.

"영혼을 잃는 것보다, 그 밖의 모든 것을 잃는 편이 더 낫소."

20년을 더 땅에서 사는 것보다 영원한 삶을 선택했다.

나 자신에게 묻는다. 지금 나는 '영생을 준비하며' 살고 있는가? 이 땅에서의 성공과 평안에만 매여 있는 것은 아닌가? 영생을 위한 믿음의 씨앗을 심고 있는가? 내 삶 속에 '절대 죽지 않는 생명'이 흐르고 있음을 믿는가?

영생, 영원한 삶은 예수님을 믿는 그 순간부터 시작된다. 영원한 삶은 그분의 말씀을 따라 살아가고, 그분의 생명을 오늘 안에 심는 것이다. 눈물 가운데서도 평안을 붙들고, 고통 가운데서도 소망을 품는 삶이 영생의 삶이다.

영생에 대한 이해와 믿음을 가지면 죽음이 두렵지 않다. 예수님이 그 너머에 계시기 때문이다. 부활이신 예수님이 나의 생명이시기 때문이다. 그 사실을 믿는 믿음이 나의 고백이 되어야 한다. 나도 이어령 교수처럼 말할 수 있어야 한다.

"나는 절대 안 죽어. 예수님이 영생을 약속하셨다."

풀과 같은 존재, 그러나 영원을 사모하는 마음

어느 날, 한 노목을 바라보다가 문득 이런 생각이 들었다.
"나는 이 나무보다 오래 살지 못할 것이다."
수백 년을 버텨낸 나무 앞에서 인간의 삶은 너무 짧고 초라해 보였다. 머리로는 알고 있었지만, 그날따라 그 생각이 마음에서 떠나지 않았다.
"나는 풀과 같은 존재구나."
최근 몸이 예전 같지 않고, 여기저기 고장이 나고 있다. 힘이 있던 머리카락도 가늘어지고, 빼곡하던 머리숱이 이제는 곳곳에 빈 곳이

환히 드러나고 있다. 풀은 마르고, 꽃은 시든다는 말을 실감하고 있다. 젊고 건강했던 몸도 주름지고 약해진다. 누군가는 이름을 남기고, 누군가는 흔적조차 없이 사라진다. 결국 모든 육체는 똑같이 흙으로 돌아간다.

그런데 성경은 거기서 멈추지 않는다.

"그러나 하나님의 말씀은 영원히 서리라"(시 40:8)

이 구절은 육체의 유한성과 말씀의 영원성을 대조한다. 그 말씀 속에 숨겨진 진리가 있다. 그 진리는 이것이다.

"사람은 단지 풀로 끝나는 존재가 아니다. 사람은 영원을 사모하는 마음을 가진 존재다."

전도서는 이렇게 고백한다.

"하나님은 사람들의 마음에 영원을 사모하는 마음을 주셨다"(전 3:11)

우리 안에 영원을 감지하는 '영혼의 안테나'가 있다는 말이다. 우리의 삶이 지금으로 끝나지 않음을 본능적으로 안다는 뜻이다. 영원을 사모한다는 것은 죽음 이후를 기대하는 것이 아니다. 현재의 삶에서 영원의 가치를 붙드는 것이다. 매일의 선택 속에서 변하지 않을 '영원한 것'을 기준으로 살아가는 것이다.

영원을 사모하는 사람은 다르게 산다. 말이 다르고, 태도가 다르고, 관계가 다르다. 자신의 말과 행동 하나하나가 영원 앞에서 드러날 것을 기억하기 때문이다. 그는 흘러가고 사라지는 것을 위해 영혼을 팔지 않는다.

나는 선택의 문제를 두고 고민할 때 이런 질문을 자주 한다.
"지금 내가 바라는 것은 풀처럼 시들 것인가, 아니면 영원히 남을 것인가?"

이 질문은 내가 무엇을 기준으로 선택해야 하는지를 깨닫게 한다. 무의미한 경쟁과 피로한 비교 속에서 진짜 원하는 것이 무엇인지 다시 발견하게 된다.

"나는 지금 무엇을 위해 이토록 바쁘게 사는가?"

하나님은 우리를 영원을 향한 존재로 부르셨다. 풀과 같지만 영원을 향해 사는 존재로, 시들지만 썩지 않는 것을 소망하는 존재로, 죽지만 영생을 품고 있는 존재로 부르셨다.

"나는 풀과 같은 존재입니다. 그러나 하나님, 당신이 주신 영원을 사모하며 살고 싶습니다. 나는 흙으로 지어졌지만, 영원을 향해 자라나는 존재입니다. 시들지 않을 말씀을 붙들고, 영생을 바라보며 살아갑니다."

죽음 이후의 삶, 믿음으로 준비하기

카페에서 성경을 읽고 있던 한 목사님에게 젊은 여성이 다가와서 물었다.

"그걸 왜 읽고 계세요?"

목사님은 고개를 들고 조용히 대답했다.

"죽어서 지옥에 가고 싶지 않거든요."

그 말에 당황한 그녀는 천국이나 지옥 같은 건 믿지 않는다고 했다.

"그런 건 없어요."

목사님은 웃으며 물었다.

"그걸 누가 알려줬나요?"

"글쎄요… 어디서 읽었던 것 같아요."

그녀는 제목도, 저자도 모르는 책의 내용을 근거로 자신의 영원을 맡기고 있었다.

죽음 이후의 삶에 대한 오늘날 사람들의 태도를 잘 보여준다. 우리는 영원을 이야기하기보다는 당면한 유익과 불편함을 더 중요하게 여긴다. 지옥을 믿기엔 너무 불쾌하고, 천국을 소망하기엔 현실이 벅차다.

성경은 말한다.

"한번 죽는 것은 사람에게 정해진 것이요, 그 후에는 심판이

있으리니"(히 9:27)

죽음 이후에는 반드시 '무언가'가 있다. 예수님은 단호하게 말씀하셨다.

"나를 믿는 자는 죽어도 살겠고, 살아서 믿는 자는 영원히 죽지 아니하리라"(요 11:25)

우리는 죽음을 향해 걷고 있다. 많은 사람이 준비 없이 그 길을 간다. 죽음에 대해 말하면 불편해하고, 영원에 대해 말하면 종교적이라고 회피한다. 누구나 피해갈 수 없는 죽음이다. 아무 준비도 하지 않은 채 그 문 앞에 서게 된다면 그것이야말로 가장 위험한 도박이 아닐까?

죽음 이후의 삶을 믿는 사람은 다르게 살아간다. 믿음으로 준비하는 삶을 산다. 보이지 않는 하나님을 경외하며, 말씀이 보여주는 길을 따라 살아간다.

"죄의 삯은 사망이요, 하나님의 선물은 그리스도 예수 안에 있는 영생이니라"(롬 6:23)

그리스도 밖에 있는 삶은 죽음이 끝이다. 그러나 그리스도 안에 있는 삶은 죽음이 시작이다. 부활의 시작이고, 영원의 문에 들어서는 것이다. 예수님은 죽음을 이기고 부활하셨다. 우리도 그와 함께 부활할 것이라고 말씀하셨다.

믿음으로 죽음을 준비하는 삶은 '착하게 사는 것'이 아니다. 그것은 예수님을 아는 것이고, 그분의 말씀을 따라 사는 것이다.

"영생은 곧 유일하신 참 하나님과 그가 보내신 예수 그리스도를 아는 것이니이다"(요 17:3)

나는 오늘도 자신에게 묻는다. 지금 내가 준비하는 것은 무엇인가? 내가 쌓는 것은 이 땅에 남을 것인가, 아니면 하늘까지 함께 갈 것인가?

믿음으로 죽음을 준비한다는 것은 날마다 '영생을 위한 삶'을 살아간다는 것이다. 지금의 선택이 영원에 영향을 준다는 것을 기억하며, 말씀 앞에 나를 비추고, 기도로 하루를 붙들며, 사랑으로 관계를 세워가는 것이다.

나는 이 땅에서 오래 사는 것보다 잘 살아내는 것이 더 중요하다고 믿는다. 마지막 순간, 예수님의 약속을 붙들고 이렇게 고백하고 싶다.

"주님, 죽음은 끝이 아닙니다. 당신의 약속대로, 나는 영원히 살아갑니다."

영생을 맛보는 삶, 지금 여기에서

사람들이 놓치고 있는 사실이 있다. 영생은 관계로 시작된다는 것이다. 영생은 지금, 여기에서 이미 시작할 수 있다. 신앙생활은 미래를 대비하는 보험이 아니다. 영생은 예수님과의 관계에서 시작된다. 예수님을 믿는 삶은 지금 여기에서 천국을 맛보는 삶이다. 죽음 이후에야 의미 있는 것이 아니라, 오늘의 숨결 속에서도 그 생명이 흐른다.

예수님은 영생에 대한 개념을 완전히 뒤집으셨다. 영생은 예수님과의 살아 있는 관계이고, 그분의 말씀 안에 살아가는 삶 그 자체이다. 예수님은 말씀하셨다.

> "내가 진실로 진실로 너희에게 이르노니 내 말을 듣고 또 나 보내신 이를 믿는 자는 영생을 얻었고 심판에 이르지 아니하나니 사망에서 생명으로 옮겼느니라"(요 5:24)

이 말씀은 미래형이 아니다. "영생을 얻었고." 과거형이다. 예수님을 믿는 자는 이미 영생 안에 들어섰다는 말이다.

그렇다면 지금 나는 어떤가? 영생을 살아내고 있는가? 내 말과 생각과 태도는 하늘의 생명을 담고 있는가? 영생을 맛보는 삶은 특별한 삶이 아니다. 크고 놀라운 일을 해야 하는 것도 아니다. 평범한 일상 속에서 말씀을 기억하고, 사람을 사랑하고, 하나님의 뜻을 따라 사는 삶이다. 그것이 바로 지금 영생을 누리는 삶이다.

영생을 지금 누리는 사람은 사소한 일에도 감사할 줄 안다. 누군가의 실수에도 관용할 줄 안다. 모든 순간을 '하나님의 시간'으로 살아낸다. 그는 흔들리지만 무너지지 않는다. 눈물 흘리지만 소망을 잃지 않는다. 영생은 기다리는 것이 아니라 살아가는 것이다.

예수님의 생명이 내 안에 있기에, 나는 오늘도 영생을 누리며 산다. 사망이 내게 손을 뻗어도,

그 생명이 나를 붙들고 있기에 나는 무너지지 않는다. 죽음 이후의 천국을 소망하지만, 오늘도 나는 이 땅에서 천국을 살아간다. 주님과 함께하는 매 순간이 내게는 낙원의 시간이다.

나는 지금, 영생을 살아간다

"나는 절대 안 죽어."

이어령 교수가 생의 끝에서 고백했던 그 말이 이제는 나의 고백이 되었다. 그가 말한 '죽지 않는 삶'은 단지 죽음 이후를 부정하는 맹목적인 확신이 아니었다. 예수님이 말씀하신 영생의 약속 위에 선 단단한 믿음이었다. 영생은 죽은 뒤에야 얻는 보상이 아니다. 예수님을 믿는 순간부터 이미 시작된 삶이다. 말씀을 따라 살아가는 매시간이

영생을 향한 걸음이고, 하나님의 나라를 지금 이곳에서 누리는 방식이다.

영생을 산다는 것은 매일의 선택 속에서 예수님과 동행하는 것이다. 크고 화려한 일이 아니더라도, 정직한 마음으로 말씀에 순종하는 것이다. 작은 일에도 사랑을 담는 것이다. 그곳에서 '영생을 살고 있다.'

나도 다짐한다. 죽음을 두려워하지 않겠다고. 죽음은 끝이 아니라, 영원한 시작이라는 것을 믿으며 살겠다고. 내 삶의 방향은 영원히 주님과 함께하는 그 나라를 향해 가겠다고.

"예수님, 당신이 약속하신 영생의 삶을 지금 이 땅에서도 살게 하소서. 그 믿음으로 오늘을 견디고, 그 소망으로 내일을 걸어가게 하소서. 나는 지금, 영생을 살아갑니다. 당신과 함께."

묵상과 적용을 위한 제안

1. 예수님께서 "나는 부활이요 생명이라" 말씀하셨을 때, 나는 그 생명이 내 안에 실제로 살아 움직이고 있는지를 진심으로 묵상해 보라.

2. 죽음을 두려워하지 않겠다고 고백하면서도 여전히 이 땅의 것에 집착하고 있지는 않은지, 내 삶의 중심이 어디를 향하고 있는지를 성찰해 보라.

3. 오늘 하루, 내가 이미 영생 안에 살고 있다는 사실을 기억하며, 작은 일에도 예수님의 생명을 담고 살아가는 선택을 실천해 보라.

13. 승리를 약속하신 예수 생각

요한복음 16:33

이것을 너희에게 이르는 것은 너희로 내 안에서 평안을 누리게 하려 함이라 세상에서는 너희가 환난을 당하나 담대하라 내가 세상을 이기었노라

승리를 다시 생각한다

승리라는 말이 언제부터 무겁게 들리기 시작했을까? 어릴 땐 단순했다. 달리기에서 1등을 하면 기뻤고, 시험을 잘 보면 자랑스러웠다. 하지만 살아오면서 '이긴다'라는 말은 점점 나에게서 멀어졌다. 언제부터인지는 몰라도 결혼에서, 직장에서, 인간관계에서 나는 '진 쪽'에 늘 서 있었던 거 같다. '잘 싸웠다'라는 말도 위로가 되지 않았다.

"담대하라, 내가 세상을 이기었노라"(요 16:33)

예수님의 이 말씀이 묘하게 끌렸다. 세상을 이기었다고? 아직 골고다 언덕도, 십자가도 남아 있었는데 말이다. 그는 이미 '승리자'셨다.

나는 그 말씀을 계속 곱씹었다. 그분의 승리가 나에게 어떤 의미가 있을까. 승리는 성취가 아닐지도 모른다. 이루는 것보다 믿는 쪽에 가까운 말은 아닐까.

예수님의 승리는 스스로 힘을 내어 이기라는 명령이 아니다. 이미 이기신 분을 믿고 걸으라는 초대였다. 이긴 싸움에 참여한다는 것은 어떤 삶일까? 넘어졌을 때, 보이지 않을 때, 혼자라고 느낄 때, 끝까지 가야 할 때 어떤 마음으로 살아야 할까. '예수님의 승리'는 그 모든 것의 시작이고 끝나는 지점이다. 내가 이기는 것이 아니라 그분이 이기셨다. 나는 그분 안에 머물 뿐이다. 보잘것없어도, 약해도, 실패해도, 그분이 이기셨으므로 다시 걸어갈 수 있다.

이 승리는 버티는 자들을 위한 희망이다. 하루를 간신히 넘긴 사람, 자신을 믿지 못하는 사람, 기도조차 할 수 없는 사람에게도 유효하다. 이미 이긴 싸움 속에 있다는 이 한 가지 사실이 오늘을 살아갈 이유가 된다.

보이지 않을 때

어떤 날은 앞이 잘 보이지 않아 답답함을 느낀다. 기도해도, 말씀을 묵상해도, 예배의 자리에 앉아 있어도 여전히 깜깜하다. 나아갈 길은 보이지 않고, 막막한 현실만 눈에 밟힌다. 그럴 때면 자꾸만 한

발 뒤로 물러서곤 한다.

햇빛이 사라진 저녁 무렵, 혼자 산책을 나섰다가 길을 잃은 적이 있다. 산길은 너무 어두웠고, 손전등도 없었다. 그 자리에 얼어붙은 것처럼 서 있었다. 앞이 하나도 보이지 않았지만 걸음을 멈추면 더 길을 잃을 것 같았다. 조심하며 한 걸음씩 내디뎠다. 보이지 않아도 길은 있었다.

예수님은 말씀하신다.

"내가 세상을 이기었노라" (요 16:33)

마치 이미 끝난 싸움을 보고 있는 사람처럼 선언하셨다. 그 승리는 예수님만의 승리가 아니다. 예수님 안에 있는 사람, 그를 믿는 모든 사람에게 주시는 승리다.

이길 자신이 없는 오늘을 사는 나는 지금 어디에 있을까? 여전히 불안한 마음, 결정하지 못하는 상황, 반복되는 실패 속에서 있다. 그런 나를 향해 주님은 말씀하신다.

"내 안에서 평안을 누려라" (요 16:33)

예수님 안에서 평안을 누리는 것이 승리를 누리는 첫걸음이다. 평안은 승리가 주는 첫 번째 보상이다. 예수님의 승리는 내가 싸워서 얻는 보상이 아니다. 그분이 먼저 이기셨고, 나는 그 안에서 살아가는 것이다.

요한계시록의 일곱 교회에 보낸 편지를 묵상하다가 눈에 들어온 구절이 있다. 주님은 그 교회들에게 "이기는 자"가 되라고 하셨다. 에베소, 서머나, 버가모, 두아디라, 사데, 빌라델비아, 라오디게아. 각기 다른 문제와 아픔이 있었지만, 모두에게 같은 약속을 주셨다.

"이기는 자는…"

이 말은 조건이 아니다. 이미 예수님께서 이기셨으니 너희도 그 이김에 참여하라는 초대다.

'보이지 않을 때'라는 표현은 신앙의 여정에서 가장 익숙한 순간이기도 하다. 그런데 역설적으로, 그 순간이 가장 예수님의 승리에 가까운 자리일지도 모른다. 내가 아무것도 할 수 없고, 그저 주님의 승리만 의지할 수 있는 시간이다. 그 순간이 진짜 믿음의 자리다.

신앙이란 어둠 속에서 하나님을 신뢰하며 한 걸음 내딛는 것이다. 보이지 않기 때문에 주님을 더욱 의지할 수밖에 없다. 그분이 이기셨다는 사실이 오늘을 견디게 한다.

한 성도님의 남편 이야기가 생각난다. 신앙 없는 남편이 수면장애와 공황장애, 우울증으로 괴로워하고 있었다. 삶을 포기할 생각까지 했던 그가 아내의 인도로 교회에 처음 왔다. 예배 중 자신도 모르게 눈물이 쏟아지는 것을 경험했다. 그날 예수님을 마음에 영접했다. 예수님을 모르는 사람이었지만 그날 이후 몸과 마음이 조금씩 회복되기 시작했다. 얼마 지나지 않아 약도 끊고, 잠도 잘 수 있게 되었다. 사표까지 냈던 직장으로 다시 출근할 수 있게 되었다. 그는 예수님의 승리를 경험한 것이다.

보이지 않아도 길은 있다. 아니, 예수님이 바로 그 길이다. 그분 안에 있는 자는 흔들리지 않는다. 보이지 않는 오늘 속에서도 예수님의 승리를 붙어야 한다. 이미 이긴 싸움이다. 아무것도 보이지 않지만 믿음으로 승리의 걸음을 한 걸음씩 내디뎌야 한다.

넘어졌을 때

생각지도 못한 일로 넘어졌던 적이 있다. 큰 좌절을 맛보았다. 너무 자만했었다. 당연히 될 거라 믿었다. 아무도 반대하지 않을 것이라 확신했다. 그보다 더 좋은 길은 없어 보였기 때문이다. 그런데 내 생각과 기대일 뿐이었다. 현실은 냉혹했다. 엄청난 반대에 부딪혔다. 사람들은 반대만 하지 않았다. 나를 향해 비난의 화살을 쏘아대기 시작했다. 그동안 쌓은 신뢰가 한순간에 무너져 버렸다. 신뢰의 그릇을 그냥 뒤집어엎어 버린 것 같았다. 그때 가장 먼저 들었던 생각은 다신 일어날 수 없을 것 같다는 절망이었다. 그 자리에 웅크려 앉아 있는 시간은 길고 무거웠다. 몸보다 마음이 먼저 무너졌다. 사람들의 시선이 무섭고, 내가 나를 보기도 괴로웠다. 나는 너무 쉽게 부서졌고 그 안에서 하나님을 떠올리는 건 오히려 두려운 일이 되어 있었다.

"세상에서는 너희가 환난을 당하나 담대하라. 내가 세상을 이기었노라"(요 16:33)

이 말씀을 잘 알았지만 넘어진 자리에서는 들리지 않았다. 예수님이 세상을 이기셨다는 말보다 내가 넘어졌다는 현실이 훨씬 선명하게 다가왔다. 넘어진 자리에선 '이겼다'라는 말은 위로가 되지 않았다. 나는 엎드려 있었다. 이미 뒤처졌고, 앞서가는 다른 이들의 발걸음 소리가 멀어지고 있었다.

그때 떠올랐다. 넘어졌던 베드로의 이야기 말이다.

예수님을 세 번이나 부인했던 밤, 닭 울음소리에 눈물이 터졌다. 자신이 얼마나 나약한 존재인지, 얼마나 쉽게 무너지는지 깨달았던 그 밤이었다. 그도 땅바닥에 쓰러졌을 것이다. 그런데 부활하신 예수님은 그를 다시 불러내셨다.

"네가 나를 사랑하느냐"(요 21:15)

세 번 묻고, 세 번 사랑을 고백하게 하셨다. 예수님은 베드로에게 다시 일을 맡기셨다. 양을 먹이라, 돌보라, 치라. 그의 실패는 끝이 아니었고, 오히려 시작이었다.

그 이야기가 생각난 것은 나도 넘어졌기 때문이다. 말씀을 알면서도 그대로 살지 못했고, 기도한다고 하면서도 불신했다. 사랑한다고 하면서도 정죄했다. 실패했고, 넘어졌고, 엎드려 있었던 베드로를 찾아오신 예수님이 나를 부르셨다. 부끄러운 기억을 끄집어내셨다. 사랑 위에 나를 다시 세우셨다. 그때 깨달았다. 예수님의 승리는 완벽한 자에게 주는 상이 아니라, 넘어진 자를 일으키는 능력인 것을. 포기한 자를 다시 걷게 하는 힘이라는 것을.

승리는 자격이 아니라 초대다. 요한계시록 일곱 교회 중 사데 교회는 살아있는 것 같으나 죽어 있다는 책망을 들었다(계 3:1). 라오디게아 교회는 미지근한 믿음으로 책망을 받았다(계 3:15). 하지만 주님은 그들조차 외면하지 않으셨다.

> "볼지어다 내가 문 밖에 서서 두드리노니 누구든지 내 음성을 듣고 문을 열면 내가 그에게로 들어가 그와 더불어 먹고 그는 나와 더불어 먹으리라"(계 3:20)

예수님은 여전히 문 앞에 서 계신다. 넘어진 자를 향해, 낙심한 교회를 향해, 끊임없이 두드리고 계신다. 승리는 결국 그 부르심에 응답하는 것이다. 다시 시작하는 용기이다. 흔들리는 다리를 일으켜 세우고 다시 예수님의 발자취를 따라 걷는 것이다. 그것이 예수님 안에서의 '이기는 삶'이다.

넘어질 때면 자주 이 찬송가를 흥얼거린다.

"내가 매일 기쁘게 주의 길을 행함은 주의 팔이 나를 안보함이요."

기쁘지도 않았고, 주의 길도 멀게만 느껴지지만, 주님의 팔이 나를 붙드신다는 가사가 내 마음을 사로잡는다. 믿음이 없어서 넘어지는 것이 아니다. 넘어졌기 때문에 믿음이 더 간절해지는 것이다. 내 힘으로 다시 설 수 없다는 것을 알기에 주님의 손을 더 깊이 붙잡는 것이다.

그때 알게 된다. 넘어졌을 때도 나는 여전히 이긴 싸움 안에 있다는 것을 말이다. 예수님의 승리는 실패하지 않는 자들에게만 주어지는 것이 아니다. 수없이 실수하고, 자신을 의심하며, 넘어진 자에게도 변함없이 열려 있다. 예수님은 그런 나를 기다리셨고, 찾으셨고, 일으켜 세우셨다. 그것이 내가 다시 길을 걸을 수 있는 유일한 이유다.

혼자라고 느낄 때

언젠가 친구가 내게 말했다.

"믿음이 깊어지면 외롭지 않을 줄 알았어. 그런데 더 외롭더라."

그 말이 오래 마음에 남았다. 믿음은 사람을 강하게 만들지만, 때로는 사람들 사이에서 점점 멀어지게 만들기도 한다.

예수님은 제자들과 마지막 식사를 하시며 이런 말씀을 하셨다.

"너희가 다 각각 제 곳으로 흩어지고 나를 혼자 둘 때가 오나니 벌써 왔도다"(요 16:32)

예수님도 혼자라고 느끼는 순간을 지나셨다. 사람들이 다 떠난 자리, 홀로 십자가를 향해 걸어가셨다. 그 길 위에서 예수님은 말씀하셨다.

"내가 세상을 이기었노라."

고립된 순간에 모든 인간적 관계가 끊어진 그 자리에서 예수님은 '승리'를 선언하셨다. 세상을 이겼다는 예수님의 말씀은 소리 지르고, 이기고, 정복하는 이미지와는 거리가 멀다. 예수님의 승리는 모두가 떠난 그 자리에 홀로 남아 끝까지 사랑을 포기하지 않은 것이다. 끝까지 하나님을 신뢰하는 것이다. 그것이 진짜 승리다.

혼자라고 느낄 때 예수님을 생각한다. 함께하겠다고 맹세했던 제자들이 모두 도망간 그 밤을. 홀로 기도하시던 겟세마네의 그 고요를. 그 누구도 그분의 무게를 짊어질 수 없었던 시간을. 예수님은 철저히 혼자셨다. 하지만 그 혼자 됨 속에서도 무너지지 않으셨다. 하나님 아버지와 함께 있다는 확신이 있었기 때문이다. 그래서 끝까지 걸으셨다. 그 십자가의 길 끝에서 부활하셨다.

솔직히 나는 예수님보다 사람들의 시선을 더 의식하며 산다. 누군가 내 곁에 있어야 조금은 안심이 된다. 혼자라는 감정에 사로잡히면 금세 믿음도 흔들린다. 그럴 때 예수님의 '승리'를 다시 떠올린다. 이기고 있는 건 곁에 사람이 많아서가 아니다. 고요한 혼자 됨 속에서도 하나님을 신뢰하고 있다는 것이 바로 승리다.

진짜 믿음은 감정이 없어도 말씀에 순종하는 것이다. 감정은 사라질 수 있지만, 그분과의 관계는 끊어지지 않는다. 침묵마저도 하나님과의 대화가 된다. 내가 붙잡지 못해도 주님은 나를 붙잡고 계신다. 혼자라고 느낄 때조차 나는 그분 안에 있다. 누구도 알아주지 않는 싸움, 아무도 응원하지 않는 결정, 말하지 못한 눈물 속에서 여전히 함께하신다. 나는 예수님 안에 있다. 그분이 이기셨으니 나도 이긴다.

끝까지 가야 할 때

성경은 끝까지 걸었던 이들의 이야기를 가득 담고 있다. 히브리서 11장, 믿음의 사람들의 행진을 생각해 본다. 그들은 약속을 받지 못했지만 믿음으로 걸었다. 고난 중에도, 돌로 맞고 칼에 찔리면서도 길을 멈추지 않았다. 승리는 지금 당장 이기는 게 아니다. 끝까지 가는 것이다. 그 끝에 누가 서 있는지 믿고 걷는 것이다.

예수님이 보여주셨다. 겟세마네에서 예수님은 자기 뜻이 아니라 아버지의 뜻대로 되기를 구하셨다(눅 22:42). 끝까지 가야 할 때, 우리에게 필요한 건 결심보다 순종이다. 내가 원하는 방향이 아니라 하나님이 인도하시는 방향으로 걷는 것이다.

예수님은 십자가까지 걸어가셨다. 도중에 멈추지 않으셨다. 침묵을 견디셨고 모욕을 감당하셨고 고통을 버티셨다. 결국, 무덤을 이기셨다. 그분의 길은 끝이 아니었다. 부활이 있었다. 생명이 있었다.

이 세상에는 승리처럼 보이지만 사실은 패배인 일이 많다. 반대로 지금은 실패처럼 보이지만 하나님의 관점에서는 진짜 승리인 일이 있다. 예수님이 걸으셨던 그 길을 따르는 것은 쉽지 않다. 어떤 순간은 버겁기도 하다. 하지만 그 길 끝에 주님이 계신다면 나는 끝까지 가야 한다. 나의 작은 싸움, 나만 아는 고통, 아무도 모르는 눈물 속에서도 예수님은 함께하신다.

영화 '벤허'의 최고의 백미는 콜로세움 경기장에서 펼쳐지는 마차 경주 장면이다. 영화를 촬영하는 동안 주인공 찰턴 헤스턴은 마차 타는 것을 배우는 데 아주 힘들어했다고 한다. 여러 차례 연습을 거듭한 후에 드디어 마차를 끌 수 있게 되었다. 그는 여전히 불안했다. 감독에게 말다.

"이제 어느 정도 마차를 끌 수는 있지만 내가 경주에서 이길지는 모르겠습니다."

감독인 윌리엄 와일러가 대답했다.

"당신은 단지 경기만 하면 됩니다. 우리가 이기도록 해 줄 겁니다."

멋진 말이지 않은가? 나의 삶도 내 노력으로 이기는 것이 아니다. 그저 마차를 운행할 수 있도록 연습하고 준비할 뿐이다. 이기게 하시는 분이 따로 있다. 그분이 감독이 되셔서 내 인생을 시작하시고, 붙드시고, 나를 이기도록 도우실 것이다.

그 믿음을 가지면 끝까지 달릴 수 있다. 그것이 진짜 승리다. 바울은 고백했다.

"나는 선한 싸움을 싸우고 달려갈 길을 마치고 믿음을 지켰다"

(딤후 4:7)

달려갈 길을 마친 사람, 끝까지 간 사람에게 주어지는 것이 승리다. 승리는 한순간의 결과가 아니라 평생 걸어야 할 하나님의 길 위에서 끝까지 머무는 것이다.

다시 예수를 생각하며

처음 그분을 만났던 날처럼, 나는 오늘도 삶의 여러 조각 속에서 예수님을 다시 묵상한다. 상처 많고 흔들리는 현실 가운데서도 예수님은 여전히 그 자리에 계신다. 나를 부르셨고, 지금도 부르고 계신다. 때로는 치유로, 때로는 용서로, 영원한 생명의 약속으로. 그리고 이미 승리한 싸움의 증거로 나를 이끄신다.

글을 쓰면서 여러 번 멈춰 서서 스스로 묻고 또 물었다. 지금 예수님을 따르고 있는가. 그분을 믿고 있는가. 그분이 보여주신 길을 걷고 있는가. 예수님의 길은 짧거나 쉬운 길이 아니다. 광야 같은 현실, 고통의 골짜기, 끝없는 기다림과 불편한 침묵이 있는 길이다. 예수님은 말씀하셨다.

"내가 너희와 함께 있다."

여전히 부족하다. 믿음은 자주 흔들리고 기도는 입술에만 머무를 때도 있다. 하지만 예수님은 나를 외면하지 않으신다. 그분은 언제나 먼저 다가오셔서 기다리신다.

예수를 생각한다는 것은 내 삶을 그분의 시선으로 다시 보는 것이다. 불안과 실패, 후회로 가득한 현실을 예수님의 손에 맡기는 것이다. 그분만이 나를 고치시고, 새롭게 하시며, 끝까지 이기게 하실 수 있다.

오늘도 예수를 생각하며 그분의 발자취를 따라 천천히 한 걸음씩 걸어간다. 예수. 그분이 내 시작이고, 내 여정이고, 내 마지막이고, 내 승리이시다.

묵상과 적용을 위한 제안

1. 예수님께서 "내가 세상을 이기었노라"고 하신 말씀을 묵상하며, 지금 내가 마주한 삶의 문제와 시련 앞에서도 그분의 승리를 믿고 있는지를 돌아보라.

2. 실패하거나 혼자라고 느낄 때, 내가 여전히 예수님의 이기신 싸움 안에 있다는 사실을 잊고 있지는 않았는지, 그분의 승리를 내 삶에 어떻게 적용하고 있는지를 성찰해 보라.

3. 오늘 하루, 눈앞에 보이는 결과보다 끝까지 주님의 길을 걷는 선택을 하며, 예수님 안에서 주어지는 참된 승리를 살아내 보라.

14. 성령을 약속하신 예수 생각

요한복음 14:16-18

16) 내가 아버지께 구하겠으니 그가 또 다른 보혜사를 너희에게 주사 영원토록 너희와 함께 있게 하리니 17) 그는 진리의 영이라 세상은 능히 그를 받지 못하나니 이는 그를 보지도 못하고 알지도 못함이라 그러나 너희는 그를 아나니 그는 너희와 함께 거하심이요 또 너희 속에 계시겠음이라 18) 내가 너희를 고아와 같이 버려두지 아니하고 너희에게로 오리라

혼자가 아니야

때로는 모든 것이 익숙한데도 마음 한편이 허전할 때가 있다. 기도는 하지만 영적으로 무덤덤하고, 성경 말씀은 눈에 들어오지 않는다. 그런 날엔 문득 이런 생각이 스친다.

"혹시 내가 믿는 믿음이 허상을 좇는 것은 아닐까? 나 혼자 믿는다고 애쓰는 것은 아닐까?"

예수를 믿는 삶은 혼자가 아님을 믿는 것이다. 혼자인 듯 느끼는 이유는 예수님께서 우리 곁에 남기신 한 분을 잊고 살기 때문이다. 그분은 '또 다른 보혜사', 성령님이다.

요한복음 14장에서 예수님은 제자들에게 떠날 것을 말씀하신 다음 이런 약속을 하셨다.

"내가 아버지께 구하겠으니, 그가 또 다른 보혜사를 너희에게 주사, 영원토록 너희와 함께 있게 하리니" (요 14:16)

'보혜사'는 법정 용어다. 내 편에 서서 말해주는 사람을 말한다, 곁에서 나를 돕는 변호인이라는 뜻이다. 그분은 위로자, 대변자, 우리를 끝까지 붙들어 주는 동행자이시다.

성령님이 계시기에 우리는 결코 혼자가 아니다.

신앙생활이 익숙해지면, 기도도 말씀도 의무처럼 생각될 수 있다. 교회를 섬기고 예배를 준비하는 일들이 많아질수록, 내가 주체가 되는 듯한 착각에 빠지기도 한다. 그렇게 예수 믿는 '나'만 남아 버리고, '나와 함께 계시는 성령님'은 희미해질 수 있다.

예수님은 약속하셨다. 우리를 고아처럼 남겨두지 않으실 것이라고 하셨다. 보이지 않지만, 분명히 존재하는 인격적인 성령님이 함께하신다. 성령님은 예수님을 드러내는 일을 하신다. 성경 말씀을 밝히 알아듣고 보게 하며, 우리의 영적 감각으로 기도를 다시 배우게 하신다. 마음 속에서 용기를 불러일으켜 복음을 말하게 하신다. 말로 표현할 수 없지만 확실한 영적인 경험을 하게 하신다.

성령님은 우리에게 신비한 영적 세계를 보여주고, 느끼게 하고, 경험하게 하신다. 신앙생활은 성령님께서 주시는 다양한 경험이 없이는 아무런 변화도 성장도 없다. 혹시 지금, 마음에 조용한 공백이 있다면, 그 빈틈은 성령님이 채워주셔야 할 자리인지도 모른다. 예수님께서 보내신 그분, 성령님이 지금 나와 함께 하신다. 그래서 나는 혼자가 아니다.

보이지 않는 존재의 실재

어느 날, 한 30대 직장인이 카페에 앉아 친구에게 고민을 털어놓았다.
"야…. 나 진짜 요즘 힘들다. 아무리 노력해도 승진도 안 되고, 연애도 안 풀리고…, 하나님은 도대체 어디 계신 걸까?"
그러자 친구가 말했다.
"너 와이파이 믿지?"
"그게 무슨 소리야?"
"와이파이는 안 보이잖아. 근데 항상 믿고 연결하잖아. 끊기면 바로 당황스러워하고."
"그건 그렇지…."
"하나님도 그래. 안 보인다고 없는 게 아니야. 연결은 항상 돼 있어. 우리가 와이파이 사용을 중시시켜 놓았을 뿐이다."

우스갯소리지만 영적 세계에 대해 생각하게 만드는 이야기다.

영적인 세계는 보이지 않는 세계다. 하지만 확실히 존재하는 세계다. 내 눈에 보이지 않는다고 존재하지 않는 것은 아니다. 우리 기도는 허공에다 이야기를 나누는 것이 아니다. 어떤 온기와 힘이 느껴지는 존재와의 대화다. 실제로는 없는데 있다고 느끼는 게 아니라, 정말로 '있는 존재'이지만 보이지 않는 상대와의 대화다.

처음엔 성령님이 계시다는 말이 익숙지 않았다. 보혜사, 인도자, 진리의 영…. 수식어는 많았지만, 그분이 어떻게 존재하시는지를 이해하지 못한 채 오래도록 신앙생활 했다. 하나님과 예수님은 어릴 때부터 들었던 이야기로 익숙했지만, 성령님은 조금 멀게 느껴졌다. 하지만 지금은 말할 수 있다. 성령님은 실제로 존재하신다. 내 안에, 내 곁에, 내 삶의 가장 깊은 곳에서 나를 붙들고 계신다.

미국의 한 의사, 던컨 맥두걸이 1907년 임종을 앞둔 환자들의 몸무게를 측정했다. 숨이 멎는 순간 '21그램' 정도의 차이가 생겼다고 했다. 그 무게가 영혼의 무게라고 했다. 과학적으로는 비판받은 실험이지만, 그 시도는 흥미로웠다. 그는 '보이지 않지만 존재하는 무언가'의 실재를 믿었다. 그의 결정적인 문제는 "존재는 무게로 증명되어야 한다"라고 믿은 것이다.

영은 물질이 아니다. 무게도 없고, 부피도 없고, 색깔도 없다. 그러나 존재한다. 마치 바람처럼, 보이지 않아도 분명히 느껴지는 것과 비슷하다. 공기를 볼 수는 없지만, 그 공기가 없으면 살 수 없다는 걸

모두가 안다. 성령님은 바로 그런 방식으로 우리 안에 실재하신다. 성령님은 인격을 가진 '거룩한 영'이시다. 예수님은 성령님을 '또 다른 보혜사'라고 부르셨다(요 14:16). 내 안에 계시고, 나와 교제하며, 나를 변화시키시는 분이다.

어느 날, 예배를 준비하며 기도하고 있었을 때였다. 마음은 조급하고 답답했다. 준비된 설교 원고는 있었지만, 영혼이 빠진 느낌이었다. 그 순간 성경 말씀이 떠올랐다.

"여호와 하나님이 땅의 흙으로 사람을 지으시고 생기를 그 코에 불어넣으시니 사람이 생령이 되니라"(창 2:7)

그 말씀이 나의 설교에 숨을 불어넣어 주었다. 설교를 새롭게 작성하게 되었다. 나는 무대 위에 세워진 설교자가 아니라, 하나님의 숨결로 살아난 자가 되어 강단에 설 수 있었다. 성령님이 말씀을 생각나게 하셨고, 내 영혼에 영적인 감동의 숨을 불어넣으셨다.

성령님은 유령처럼 흐릿하거나, 감정에 따라 변하는 감각이 아니다. 그분은 인격이 있으시고, 뜻과 감정과 의지를 가지신 하나님이시다. 예수님의 말씀을 생각나게 하시고(요 14:26), 우리가 예수를 주로 고백하게 하시며(고전 12:3), 말할 수 없는 탄식으로 우리를 위해 기도하신다(롬 8:26). 그분은 말씀하시고, 내 삶 안에서 실제로 일하시는 하나님이시다. 그분은 말씀이 임할 때, 기도가 깊어질 때, 예수님을 더욱 바라보게 하실 때 분명히 느껴지는 인격체이시다. 그분은 나를 설득하기보다 나를 꿰뚫어 보는 분이시다. 내가 쓰고 있던 가면을 벗기고, 진짜 나를 마주하게 하신다.

언젠가, 바쁜 일정을 마치고 지친 몸을 이끌고 집에 돌아온 밤이었다. 집 안은 고요했고, 방에 불을 켜자마자 바닥에 주저앉았다. 기도도 나오지 않았다. 그 순간, 아주 조용히 속에서 한 문장이 떠올랐다.

"내가 너희를 고아와 같이 버려두지 아니하고 너희에게로 오리라"(요 16:18)

성령님께서 들려주신 예수님의 말씀이었다. 나는 그 말씀을 품고 한참을 울었다. 우는 이유를 설명할 수는 없었다. 혼자가 아니었음을 온 몸과 영혼으로 느낄 수 있었다. 말씀의 영이신 성령님으로 인해 살아갈 힘과 용기를 회복할 수 있었다.

성령님은 그렇게 오신다. 말없이 내 곁에 계심을 깨닫게 하신다. 성령님은 단 한 번도 나를 떠난 적이 없으시다. 그분은 보이지 않는 존재가 아니라, 지금도 나와 함께하시는 실재다. 내가 모든 것을 다 알지 못해도, 모든 걸 준비하지 못해도 괜찮다. 그분이 함께하신다는 사실 하나로 오늘도 살아갈 이유가 충분하다.

새롭게 보는 눈

익숙하던 길이 낯설게 느껴질 때가 있다. 매일 걷던 길인데, 어느 날은 마치 다른 나라에 온 것처럼 새로운 장면이 펼쳐진다. 사람들은 똑같고, 간판도 그대로인데, 나의 눈이 달라진 것이다. 그런 순간을 몇 번 경험했다. 그중 가장 극적이었던 변화는 성령님을 경험한 이후였다.

습관적인 신앙생활을 하고 있었다. 새벽 기도도 다녔고, 말씀도 읽었고, 교회를 섬기는 일에도 열심이었다. 어느 순간, 알 수 없는 갈증이 찾아왔다. 같은 말씀을 여러 번 읽어도 마음에는 아무런 감동이 느껴지지 않았다. 기도 시간에는 오히려 할 말이 생각나지 않았다. 자꾸만 기도 자리를 떠나고 싶은 마음이 가득했다. 예배를 사모하는 마음이 없고, 예배가 끝나면 허전함만 남았다. 사역의 기쁨보다 의무감만 남아 있었다. 신앙의 무게가 나를 짓누르고 있었다.

아주 조용한 밤이었다. 방 안에 홀로 앉아 있었다. 말로 설명할 수는 없지만, 내 안에 어떤 '다른 존재'가 있음이 느껴졌다. 그 존재는 나를 알고 계셨고, 나를 품고 계셨다. 성령님이었다.

성령님을 경험한 이후, 가장 먼저 달라진 것은 '말씀을 보는 눈'이었다. 논리적으로 이해하던 구절들이, 내 감정과 연결되기 시작했다. 한 절, 한 절 마다 하나님의 마음이 느껴졌다. 예수님의 말씀이 과거의 기록이 아니라, 지금 나를 향한 음성처럼 들렸다. 나를 향한 편지처럼 느껴졌고, 성령님은 그것을 읽어주는 해설자이자 동반자가 되어주셨다.

성령님은 내가 보지 못했던 것들을 보게 하셨다. 사람을 대하는 시선이 달라졌다. 예전엔 문제만 보였다면, 이제는 그 문제 속에 있는 상처가 보였다. 예배 중에도, 찬양 중에도, 이전엔 감정만 앞섰던 순간에 성령님의 위로와 감동이 스며들었다. 세상이 바뀐 것이 아니라 내 눈이 바뀐 것이다. 예수님의 복음, 하나님의 사랑, 회개의 눈물, 감사의 고백…. 이것들이 단순히 교리나 감정이 아니라 실제가 되었다. 기도가 달라졌다. 이전에는 필요한 것을 늘어놓는 시간이었다면, 이제는 나를 내어드리는 시간이 되었다. 성령님이 나보다 나를 더 잘 알고 계신다는 말이 무슨 뜻인지 이해되었다. 그런 분이 나를 위해 말할 수 없는 탄식으로 중보하신다는 것이 사실임을 체험했다(롬 8:26).

한 청년과 나눈 상담이 떠오른다.

"목사님, 저는 성령님이 계시다는 걸 이론으로는 아는데, 실제로는 잘 모르겠어요. 저에게는 너무 먼 분 같아요."

나는 그 청년에게 물었다.

"말씀을 읽을 때, 갑자기 마음이 울컥하거나, 뜻하지 않게 눈물이 난 적은 없었니?"

그는 고개를 끄덕이며 말했다.

"있어요. 그런데 그게 성령님인가요?"

나는 확신 있게 대답했다.

"그게 바로 성령님이 너와 함께하신다는 증거야. 너를 알고 계시고, 말씀을 통해 너를 만나고 계시는 거야."

예수님은 제자들에게 말씀하셨다.

"보혜사 성령이 너희에게 모든 것을 가르치고, 내가 너희에게 말한 모든 것을 생각나게 하리라"(요 14:26)

그 '생각나게 하심'이야말로, 나의 신앙 여정을 가장 행복하고 풍성하게 채워주시는 순간이다.

"오늘 내게 성령님은 어떤 장면을 새롭게 보게 하실까?"

그 질문 앞에, 조용히 마음을 연다. 다시 한번 보는 눈이 열릴 것을 기대하며.

힘을 빼는 믿음

나는 열심히 했다. 아니, 정말 최선을 다했다. 설교를 위해 읽고, 묵상하고, 밤늦게까지 원고를 고쳤다. 사역에 매달렸고, 성도들을 위해 기도했고, 때로는 몸이 아프도록 나 자신을 던졌다고 생각했다. 어느 날 문득, 이런 물음이 생겼다.

"지금 나의 힘으로 하는 것은 아닐까?"

신앙의 길을 걸으며 가장 위험한 순간은 힘이 빠질 때가 아니라, 내 힘을 너무 믿을 때다. 나는 그것을 늦게 배웠다. '믿음은 열심이다'라는 생각으로 달려왔다. 그런데 그 열심 속에서 성령님의 역할은 점점 작아졌다. 내가 기도하면 역사가 일어날 것 같았고, 내가 준비하면 설교가 성도들에게 감동을 줄 것 같았다. 그러나 그렇게 하면 할수록 몸과 마음은 소진되고 공허해졌다.

어느 날, 프랭클린 그래함의 인터뷰를 본 적이 있다. 그는 수만 명이 모인 전도 집회를 인도하고 있었다. 큰 목소리도 없었다. 위협적인 말도, 극적인 퍼포먼스도 없었다. 단지 복음을 전했고, 조용히 기도했다. 놀라운 장면이 벌어졌다. 수천 명이 손을 들고 예수님을 영접했다.

집회를 마친 뒤 인터뷰에서 이렇게 말했다.

"이전에는 최선을 다하는 것이 중요하다고 생각했습니다. 하지만 지금은 저의 힘을 완전히 빼고 복음을 전합니다. 성령님께 온전히 맡기면서 말입니다."

그 말은 나에게 충격이었다. 힘을 빼는 것이 믿음이라니.

성령님을 신뢰한다는 말은 내가 열심히 하는 만큼 성공할 거라는 기대를 내려놓는 것이다. 성령님은 '보혜사'로 오셨다. 내가 연약할 때, 내가 알 수 없을 때, 내가 말하지 못할 때 곁에서 도우시는 분이다. 그런데 나는 왜 그토록 오랫동안 성령님의 자리를 내 '노력'으로 채우고 있었을까.

예수님은 말씀하셨다.

"성령이 너희에게 임하시면 너희가 권능을 받고… 내 증인이 되리라"(행 1:8)

여기서 말하는 권능은 초자연적 기적이나 감정의 고조가 아니다. 그 권능은 '복음을 담대히 말하는 힘'이다. 진짜 힘은 내가 하는 말이 아니라, 성령님께서 나를 통해 말씀하시는 것에 있다.

이제야 그것을 점점 체험하고 있다. 충분히 준비되지 않은 상황에서 말씀을 전해야 할 때가 있다. 기억력도 약하고 암송도 부족한데 갑자기 적절한 성경 말씀이 생각나고, 스스로 놀랄 정도로 복음의 핵심을 명쾌하게 전할 때가 있다. 나는 안다. 그건 내 힘이 아니다. 내 경험이나 연륜이 아님을 말이다. 성령님께서 입에 말씀을 넣어주셨기 때문이다.

성령님을 경험한 뒤로 기도가 달라졌다.

"하나님, 제 지식으로는 부족합니다. 오늘도 성령님이 말씀하시게 해 주세요."

더 많이 이해하고 배우게 해 달라고 기도하는 것이 아니라, 더 많이 깨닫게 하시고, 더 많은 말씀을 듣게 해 달라고 기도한다. 내가 더 잘하려는 마음을 내려놓는다. 그럴 때 더 깊은 통찰이 온다. 성령님은 내가 준비한 노력을 무시하지 않으신다. 그 노력을 당신의 방법으로 사용하신다. 내가 힘을 뺄수록 성령님의 권능이 나타난다.

빌리 그레엄 목사도 이렇게 고백했다.

"나는 설교를 준비할 때 단 한 가지를 구한다. 성령님이 임재하시기를…."

세계적인 설교자도 자신이 아닌 성령님을 의지했다. 복음은 사람의 말로 설득할 수 있는 것이 아니다. 진리는 성령님의 권능을 통해서만 사람의 마음에 들어간다.

나의 믿음의 방향이 바뀌었다. 노력하지 않는 것이 아니다. 그 노력의 중심이 내가 아니라 성령님이 되시길 말이다. 성령님이 말씀해 주시기를, 성령님이 일해 주시기를, 성령님이 영혼을 감동시켜 주시기를 기다린다. 나는 오늘도 이렇게 기도한다.

"성령님, 오늘도 나의 열심이 아니라, 당신의 권능으로 걷게 해 주세요."

끝까지 가는 사람들

복음이 무서운 이유는 사람을 끝까지 가게 만들기 때문이다. 인간적으로는 이해할 수 없는 길, 계산이 안 되는 여정, 손익을 따질 수 없는 헌신의 삶으로 이끈다. 그런 길인 줄 알면서 그 길을 가는 사람들이 있다. 그들은 끝까지 간다. 왜일까? 그들에게는 보이지 않는 '동행자'가 있기 때문이다.

뉴헤브리디스 제도의 선교 이야기를 읽은 적이 있다. 그 이야기에는 '끝까지 가는 사람들'을 소개하고 있었다.

1839년, 영국 선교사 존 윌리암스가 그 섬에 첫발을 디디자마자 순교를 당했다. 이어 들어간 해리스, 골든 형제, 맥네어 모두 같은 운명을 맞았다. 다섯 번의 실패. 그 땅은 완전히 닫힌 문처럼 보였다. 그러나 여섯 번째 순교를 당한 존 골든의 동생이 다시 들어갔고, 일곱 번째 로버트슨 선교사까지. 처음 복음이 전해진 이후 40년 만에 30개 섬의 전 주민이 그리스도인이 되었다.

이 이야기를 읽으면서 "감동적이다"라고 생각했다. 시간이 지날수록 그들의 마음이 궁금해졌다. 무엇이 선교사들을 그렇게 움직였을까? 두려움도, 현실도, 실패의 기록도 그들을 멈추게 하지 못했다. 단순한 용기, 이상적인 사명감이었을까? 아니다. 그들 안에는 확고한 인식이 있었다.

"나는 내 뜻으로 이 섬에 온 것이 아니다. 예수 그리스도로부터 보냄을 받은 것이다."

예수님은 제자들에게 성령을 기다리라고 하셨다.

"오직 성령이 너희에게 임하시면 권능을 받고 … 땅끝까지 이르러 내 증인이 되리라"(행 1:8)

복음은 지리적 땅끝을 넘어, 삶의 극한까지 가야만 전해질 수 있다. 땅끝까지 가는 길은 화려하거나 낭만적이지 않다. 오히려 외롭고, 무섭고, 이해받지 못한다. 누군가는 그 길을 걷는다. 혼자 걷는 게 아니기 때문이다. 성령님께서 함께 하신다.

나는 목회하면서 여러 번 이런 고백을 들었다.

"목사님, 저도 복음을 위해 살고 싶어요. 그런데 너무 지쳐요. 사람들에게 이해받지 못하고, 일은 많은데 열매는 보이지 않고…. 솔직히 포기하고 싶을 때가 많아요."

그 말은 나의 말이기도 했다. 복음을 위한 삶이 항상 승리와 기쁨으로 채워지는 건 아니다. 그러나 끝까지 갈 수 있는 이유는 그 길에 성령님이 동행하시기 때문이다.

사도 바울도 이런 고백을 했다.

"성령이 각 성에서 내게 증언하여 결박과 환난이 나를 기다린다 하시나, 나는 달려갈 길과 주 예수께 받은 사명 곧 하나님의 은혜의 복음을 증언하는 일을 마치려 함에는 내 생명조차 조금도 귀한 것으로 여기지 아니하노라"(행 20:23-24)

이 말은 무모함이 아니라, 성령님께 이끌린 사람이 가질 수 있는 담대함이다. 끝까지 가는 힘은 내 안에서 나오는 것이 아니라, 내 안에 계신 성령님께서 주시는 것이다.

복음을 위해 끝까지 간다는 건 순교자가 되겠다는 말이 아니다. 부르심에 충실하겠다는 뜻이다. 내가 선 자리, 내가 만나는 사람, 내가 마주한 문제들 앞에서 예수님을 따라가겠다는 고백이다. 성령님은 우리가 넘어질 때 붙잡아 주시고, 지칠 때 말씀을 떠올려 주시며, 침묵할 때 복음의 씨앗을 심게 하신다.

지금도 어떤 그리스도인은 말없이 끝까지 가고 있다. 이름도 알려지지 않은 그들의 삶에서 성령님은 조용히 역사하고 계신다. 세상은 보지 못하지만, 하늘은 알고 있다. 땅끝은 멀지 않다. 내가 가장 어려워하는 그 자리, 가장 고통스러운 그 관계, 가장 외로운 그 순간이 어쩌면 내게 주어진 땅끝이다.

끝까지 가는 사람은 '강한 사람'이 아니라, '함께하는 분을 믿는 사람'이다.

예수님을 주로 고백한다는 것

"예수는 주시다."

이 짧은 문장이 어떤 사람에게는 노래 가사에 불과했고, 어떤 사람에게는 전부였다. 초대교회 성도들에게 이 고백은 생명의 고백이었다. 황제 숭배가 당연한 세상에서 "예수님이 주님이다"라는 말은 곧 죽음을 뜻했다. 한 나라에 다른 주, 다른 왕을 존재할 수 없다. 다른 왕을 섬기는 사람에게 죽음과 추방은 당연했다. 그러나 그들은 말할 수밖에 없었다. 왜일까? 성령님께서 그 고백을 가능하게 하셨기 때문이다.

"성령으로 아니하고는 누구든지 예수를 주시라 할 수 없느니라"(고전 12:3)

예수님을 주로 고백하는 것은 단순한 언어의 문제가 아니다. 내 안에 계신 성령님이 나를 대신해 그 고백을 끌어내신다. '주님'이란 말은 내 삶의 주도권을 내려놓는 말이다. 내가 앉아 있던 자리에서 내려와 그 자리에 예수님을 모신다는 뜻이다. 그 고백은 두려운 고백이지만 동시에 자유로운 고백이다.

마틴 로이드 존스는 성령님에 대해 이렇게 말했다.

"성령님을 받은 사람들은 자신 안에서 자신을 이끄는 힘을 인식하게 된다."

나를 이끄는 존재. 내가 아니라, 나보다 더 나를 아시는 분. 나의 실패와 나의 의로움 모두를 아시는 분. 그분이 나를 이끌고 계신다는 것을 느끼는 순간, 나의 삶은 나의 것이 아니라는 것을 깨닫게 된다.

성령님은 존재하시는 분, 나를 붙드시는 분, 말씀을 떠오르게 하시는 분, 복음 앞에 담대하게 하시는 분, 끝까지 걷게 하시는 분이다. 그리고 그 모든 사역의 중심은 한 가지였다.

"예수를 주로 고백하게 하시는 일."

보이지 않아도 존재하시는 분, 그분이 내 안에 함께하시며 고백하게 하신다.

"예수는 나의 주님이십니다."

내가 예수를 주로 고백하는 그 순간, 그 고백을 가능케 하신 분이 성령님이심을 안다. 이제 나는 혼자가 아니다. 오늘도 성령님과 함께, 예수님의 길을 걷고 있다.

묵상과 적용을 위한 제안

1. 예수님께서 약속하신 '또 다른 보혜사' 성령님이 지금 내 삶 가운데 어떻게 임재하고 계시는지, 그분의 실제적인 동행하심에 대해 묵상해 보라.

3. 오늘 하루, 내 안에 계신 성령님의 도우심을 구하며, 내 의지가 아닌 그분의 인도하심에 순종하는 삶을 실천해 보라.

15. 다시 오실 것을 약속하신 예수 생각

마태복음 24:29-31

29) 그 날 환난 후에 즉시 해가 어두워지며 달이 빛을 내지 아니하며 별들이 하늘에서 떨어지며 하늘의 권능들이 흔들리리라 30) 그 때에 인자의 징조가 하늘에서 보이겠고 그 때에 땅의 모든 족속들이 통곡하며 그들이 인자가 구름을 타고 능력과 큰 영광으로 오는 것을 보리라 31) 그가 큰 나팔소리와 함께 천사들을 보내리니 그들이 그의 택하신 자들을 하늘 이 끝에서 저 끝까지 사방에서 모으리라

그날을 기다리는 삶

"예수님이 오늘 오신다면, 나는 기쁘게 맞이할 수 있을까?"

예수님은 다시 오신다고 약속하셨다. 성경 곳곳에서 친히 말씀하신 것을 찾아볼 수 있다. 사도들은 그 약속을 붙들며 살았다.

사람들은 예수님의 재림을 언젠가 있을 '종말의 사건' 정도로 생각한다. 예수님의 재림은 지금의 나에게 영향을 주는 '현재적 진리'라는 것을 놓치고 살 때가 많다. 그날을 기다리는 사람은 다르게 살아간다. 삶의 방향이 다르고, 일상의 무게가 다르고, 사람을 대하는 태도가 다르다. 무엇보다 예수님과의 관계가 다르다.

예수님이 다시 오신다는 약속은 우리에게 두 가지를 요구한다. '깨어 있으라'라는 경고와 '기다리라'라는 초대다. 두 가지 요구는 서로 다른 메시지가 아니다. 깨어 있는 사람이 진짜 기다리는 사람이고, 기다리는 사람은 반드시 깨어 있게 된다.

나는 수시로 예수님의 재림을 향한 신앙을 점검해 본다. 그 약속 안에서 오늘을 살아가는 삶의 태도를 묵상한다. 단순히 '언제 오시냐'는 질문보다, '어떻게 살아야 하느냐'는 질문에 더 집중한다. 다시 오실 예수님을 기다리는 삶은 먼 미래를 준비하는 것이 아니기 때문이다. 지금 이 자리에서 예수님을 더 사랑하고, 더 닮아가는 여정이다. 그것이 예수님의 재림을 준비하는 가장 확실한 방법이다.

예수님이 오신다는데, 왜 마음이 조용할까?

어느 날, 문득 이런 생각이 들었다.
"예수님이 오늘 오신다면, 나는 뭘 하고 있을까?"
예수님의 다시 오심은 내 입술로 수없이 고백했던 진리였다. 주일마다 사도신경을 암송하며, "저리로써 산 자와 죽은 자를 심판하러 오시리라"라고 했지만, 그 말이 내 삶을 바꾸고 있는가는 솔직히 자신이 없다.

예수님이 다시 오신다고 할 때, 그 말이 현실로 다가오지 않을 때가 더 많다. 나와는 상관없는 이야기, 먼 미래의 사건처럼 생각한다. 왜일까? 이론으로만 믿기 때문은 아닐까.

예수님은 분명히 말씀하셨다.

"그때에 인자가 구름을 타고 능력과 큰 영광으로 오는 것을 보리라"(마 24:30)

이건 비유도 상징도 아니다. 실제로 오실 것이다. 능력과 영광으로 말이다.

요즘에는 가정에서 심방을 받는 분들이 많이 줄었다. 심방이 좋은 줄은 모두가 안다. 하지만 심방을 위해 준비해야 할 일들이 부담되기 때문일 것이다. 누군가 우리 집에 온다면 청소를 시작해야 한다. 거실을 정리하고, 널브러진 옷과 각종 물건을 이리저리 옮기고 숨겨야(?) 한다. 주방도 정리해야 하고, 정신없는 아이들 방도 청소해야 한다. 먼지를 털고 바닥을 닦는다. 심지어 들어가지 않을 안방과 다른 공간까지 깔끔하게 정리한다.

그런데 예수님이 오신다는 말을 들은 나의 모습은 어떤가? 아무것도 정돈하지 않는다. 나는 스스로에게 묻는다.

"진짜 오신다고 믿기는 하는 걸까?"

예수님의 재림은 다른 의미로 "심판의 날"이다. 모든 것이 드러나고, 모든 사람이 결산을 받는 날이다. 이 세상의 어떤 법정보다 엄정한 재판이 이루어지는 날이다. 그날이 기쁨이 될 수도 있고, 두려움이 될 수도 있다.

예수님은 지금 하나님 우편에서 다스리고 계시며, 언젠가 일어나 다시 오신다고 하셨다. 그날은 "환난 후에 해가 어두워지고, 달이 빛을 내지 않으며, 별들이 하늘에서 떨어지는"(마 24:29) 날이라고 하셨다. 이 세상의 모든 구조가 흔들리는 날이다.

그런데 나는 그날을 얼마나 가깝게 느끼며 살아가고 있는가?

종종 이런 변명을 한다.

"아직 그럴 징조는 없는 것 같은데."

하지만 예수님은 말씀하셨다.

"그 날과 그 때는 아무도 모르나니… 생각하지 않은 때에 인자가 오리라"(마 24:36,44)

준비가 안 된 자는 그날을 부정하고, 준비된 자는 그날을 기다린다. '준비'라는 단어가 주는 무게를 생각해 본다. 준비는 우리가 행하는 교회 생활과 같은 종교적 열심이 아니다. 삶의 중심이 어디에 있는지를 드러내는 증거다. 예수님이 오신다는 사실이 나를 정결하게 만들고, 나를 겸손하게 만들고, 나를 깨어 있게 만든다면, 나는 그분을 진짜 기다리는 사람이다.

어떤 분은 말한다.

"설마 우리가 사는 동안에 오시겠어?"

어쩌면 그럴 수도 있다. 하지만 중요한 건 '그날이 내 생애 중에 오느냐'가 아니다. 예수님의 재림은 나의 죽음과도 깊이 연결되어 있다. 살아서 주님을 맞이하든, 죽었다가 부활하여 주님 앞에 서든, 모두 재림의 심판 앞에 서게 된다(살전 4:13-17). 아무도 그날을 피할 수 없다.

나는 다시 질문한다.

"내 삶은 예수님을 기다리는 삶인가?"

아니, 더 솔직하게 되묻는다.

"예수님이 지금 내 영혼의 방에 들어오신다면, 나는 기쁘게 맞을 수 있는가?"

그 질문에 떳떳이 고개를 들 수 없다면, 그건 내게 아직 준비되지 않은 부분이 있다는 뜻이다.

예수님의 재림은 거룩한 긴장이다. 그 긴장은 나를 위축시키기 위한 것이 아니다. 오히려 나를 깨우기 위한 것이다. 잠든 신앙이 아니라, 깨어 있는 사랑으로 채우는 것이다. 오늘도 마음을 정돈한다.

"주님, 혹시 오늘 오신다면…, 준비된 마음으로 기쁘게 맞이하고 싶습니다."

그날, 나는 어떤 모습일까?

문득 나의 모습을 보는 순간이 있다. 출근길에 엘리베이터 안 거울을 통해, 창에 비친 내 모습을 보며 '내가 지금 이 표정으로 하루를 살고 있구나' 하고 놀라는 때가 있다. 그런 순간은 외모보다 내 마음의 상태를 먼저 들킨 느낌이다.

예수님이 다시 오신다는 말씀을 묵상했을 때, 또 다른 질문이 찾아온다.

"나는 지금, 어떤 자세로 주님을 맞을 준비를 하고 있는가?"

예수님은 말씀하셨다.

"이러므로 너희도 준비하고 있으라. 생각하지 않은 때에 인자가 오리라"(마 24:44)

예수님은 열 처녀의 비유로 재림을 설명하셨다. 신랑을 기다리는 열 명의 처녀 중 다섯은 기름을 준비했고, 나머지 다섯은 그러지 않았다. 똑같이 신랑을 기다리고 있었지만, 결과는 달랐다. 준비된 자는 혼인 잔치에 들어갔고, 준비하지 않은 자는 문밖에 남겨졌다.

무서운 건, 그들 모두 신랑을 '기다리고 있었다'라는 사실이다. 단지 준비가 되어 있었느냐의 차이였다.

이 비유를 생각할 때마다 마음이 무겁다. 나는 지금 어떤 모습으로 주님을 기다리고 있는가. 기다린다는 말이 종종 소극적으로 들릴 수 있다. 시간을 흘려보내며 무기력하게 머무는 것처럼 말이다. 하지만 성경이 말하는 '기다림'은 전혀 다르다. 그것은 능동적인 '준비'다.

예수님은 깨어 있으라고 하셨다. 그것은 단지 밤을 새우며 기도하라는 말이 아니다. 삶 전체를 깨어 있는 영혼으로 살아가라는 뜻이다.

무엇에 깨어 있어야 할까 생각해 보았다.

첫째, 말씀에 깨어 있어야 한다. 하나님의 말씀이 나의 중심이 되고, 나를 바로 세우는 힘이 되어야 한다.

둘째, 삶의 자세가 깨어 있어야 한다. 내 삶이 예수님의 눈길 아래 있다는 것을 늘 의식해야 한다.

셋째, 사랑에 깨어 있어야 한다. 사랑 없이 깨어 있음은 경계심만 높이는 것일 뿐이다. 사랑하며 깨어 있는 삶은 언제나 따뜻하고 넉넉하다.

주님은 또 이렇게 말씀하셨다.

"충성되고 지혜 있는 종이 되어, 주인에게 그 집 사람들을 맡아 때를 따라 양식을 나눠 줄 자가 누구냐"(마 24:45)

여기서 중요한 건 '때를 따라 양식을 나누는 자'라는 말이다.

재림을 준비하는 삶은 개인적인 경건에만 머물지 않는다. 다른 이들을 돌아보고, 영혼에 필요한 말씀을 나누며, 사랑을 실천하는 삶이다.

 예수님이 지금 내 하루를 지켜보고 계신다면, 어떤 장면에서 미소 지으실까?

 내가 가족에게 따뜻한 말을 건넬 때일까?

 누군가의 아픔을 보고 함께 눈물 흘릴 때일까?

 작은 결정 하나에도 주님의 뜻을 묻고 따라가려 할 때일까?

 그날은 반드시 온다. 그날에 나는 어떤 모습일까? 나는 그날을 위해 오늘 나를 정돈해야 한다. 외모가 아니라, 마음과 삶의 태도를 말이다. 주님을 맞이하는 신부처럼, 준비된 사람으로 살아야 한다. 그날을 사모하는 삶은 미래를 두려워하는 삶이 아니다. 그 삶은 나를 더 단정하게, 더 온전하게 살아가게 한다. 그날, 나는 예수님의 얼굴을 기쁨으로 마주하고 싶다.

마라나타, 주여 오시옵소서

 어릴 적, 교회 어른들이 "마라나타!"라고 인사하는 것을 들었다. 그때는 그 말의 뜻을 몰랐다. 크리스천들끼리 쓰는 특별한 말인 줄만 알았다. 그 말이 "주여, 오시옵소서"라는 뜻임을 알게 된 건 한참 후였다. 그 말이 정말 마음에 와닿기 시작한 건, 더 오랜 시간이 지나서였다.

초대교회의 성도들은 '마라나타'를 삶의 고백으로, 마치 호흡하는 숨결처럼 사용했다. 그들은 박해 가운데 있었고, 세상의 조롱과 핍박 속에 신앙을 지켜야 했다. 그들에게 '마라나타'는 생존을 위한 주문이 아니라, 소망의 외침이었다.

"우리 주여, 오시옵소서"(고전 16:22)

이 한 문장이 당대 교회 공동체의 모든 심장을 대변한다. 마라나타는 단지 '오시라'는 요청이 아니다. "지금도 여기 계십니다"라는 고백이자, "이제 영광 중에 오소서"라는 탄원이다.

나는 '마라나타'를 입에 올릴 때마다 나의 오늘을 되돌아보게 된다. 정말 주님을 사모하고 있는가? 진심으로 "주여, 오시옵소서"라고 외칠 수 있는가? 혹시 그분이 지금 오신다고 하면, 마음 한켠이 불편하거나 두렵지는 않은가? 나는 말로는 마라나타를 외치지만, 삶은 그분의 오심을 거부하고 있는 것은 아닌지 되묻게 된다.

예수님은 말씀하셨다.

"내가 진실로 속히 오리라"(계 22:20)

그리고 사도 요한은 곧바로 응답한다.
"아멘, 주 예수여 오시옵소서."

이 마지막 장면은 단순한 종말의 선언이 아니다. 그리스도인이라면 누구나 가져야 할 마지막 자세다. 예수님의 재림은 교리로만 남겨둘 일이 아니다. 그것은 우리의 언어가 되고, 습관이 되고, 태도가 되어야 한다.

마라나타는 기다림의 언어다. 기다림은 어쩌면 세상에서 가장 어려운 사랑의 표현이다. 확신 없는 기대가 아니라, 확실한 신뢰 위에서 주어진 시간을 감당하는 것이다.

나는 '마라나타'를 마음으로 말하고, 삶으로 증명하고 싶은 사람이다. 기다림의 삶은 조용하고, 묵묵하지만, 미지근하지 않다. 그 삶은 말씀을 더 사랑하고, 기도를 더 신뢰하게 하며, 사람들에게 더 온유하게 만든다. 그 삶은 오늘을 대충 살지 않게 한다. 왜냐하면 오늘이라도 주님이 오실 수 있기 때문이다.

나는 매일 아침 마음의 커튼을 젖힌다.
"주님, 오늘 오시겠습니까?"
그리고 매일 밤, 하루를 마무리하며 묻는다.
"주님, 오늘 밤에 오시겠습니까?"

이 물음이 버릇처럼 반복되면서, 내 하루가 조금씩 달라짐을 느낀다. 비판의 말 한마디를 삼키고, 작지만 따뜻한 말을 건넨다. 혼자 있는 시간에도 부끄럽지 않은 생각과 행동을 하게 된다. 그 모든 변화는 '마라나타'라는 고백 속에서 시작된 것이다.

주님을 기다리는 삶, 그것은 세상으로부터의 탈출이 아니다. 오히려 더 깊이 사랑하고, 더 단단히 뿌리내리며, 주님이 보시기에 합당한 신부로 살아가는 삶이다.

나는 오늘도 속삭인다.

"마라나타. 주여, 오늘 오시옵소서. 그리고 오시기 전까지 나를 다듬어 주소서."

복음을 전하는 삶, 재림을 앞당기다.

복음 전도는 늘 부담스러운 주제였다. 입을 여는 것이 어렵고, 거절당하는 것도 두려웠다. 하지만 가장 본질적인 질문은 이것이었다.

"예수님을 기다린다고 하면서, 나는 정말 복음을 나누고 있는가?"

예수님은 다시 오신다고 약속하셨다. 그분은 단순히 시간표에 맞춰 오시는 분이 아니다.

"이 천국 복음이 모든 민족에게 증언되기 위하여 온 세상에 전파되리니 그제야 끝이 오리라"(마 24:14)

복음이 모든 민족에게 전해져야 끝이 온다. 끝이 오고, 주님이 다시 오신다. 예수님의 재림은 단지 하늘이 열리고 나팔이 울리는 사건이 아니다. 그 시작은 지금 이 땅 위에서 복음이 전파되는 것이다.

어느 선교대회에서 들었던 한 선교사의 이야기가 기억난다. 그는 오지의 부족 마을에서 복음을 전하며 살아가고 있었다. 물도 전기조차 없고, 의료 시스템도 없는 그곳에서 오직 한 가지 이유로 버틸 수 있었다고 한다.

"이 마을에도 복음이 전해져야, 주님이 오시니까요."

그 말은 단순한 사명감 이상의 고백이었다. 복음을 전하는 삶이야말로 재림을 앞당기는 삶이라는 확신이었다.

예수님은 기다리고 계신다. 단지 하늘에서 시간만 세고 계신 것이 아니다. 주님은 모든 족속이 복음을 듣기를 기다리신다.

> "주의 약속은 어떤 이들이 더디다고 생각하는 것 같이 더딘 것이 아니라… 아무도 멸망하지 아니하고 다 회개하기에 이르기를 원하시느니라"(벧후 3:9)

우리가 느끼는 '지연'은 하나님의 '오래 참으심'이다. 한 영혼이라도 더 돌아오기를 바라는 그분의 사랑이다.

그렇다면 나는 지금 그 사랑에 응답하고 있는가? 복음을 전하는 삶은 전도지를 나누어주거나 사람들에게 사영리를 전하는 것만이 아니다. 때로는 따뜻한 말 한마디, 함께 울어주는 진심, 예수님의 사랑을 설명하지 않고도 보여주는 태도와 같은 삶의 자세 하나하나가 복음이 될 수 있다. 예수님의 다시 오심이 가까워질수록, 나는 더 선명하게 복음을 말해야 한다.

복음을 전하다 보면 피곤하고, 주눅 들고, 사람들의 반응에 상처받을 수도 있다. 하지만 예수님을 기다리는 사람은 결국 예수님을 전하게 되어 있다. 마치 소중한 친구를 소개하고 싶은 마음처럼, 예수님에 대해 말하지 않고는 견딜 수 없는 삶이 되어야 한다.

> "주의 나타나심을 사모하는 모든 자에게도 의의 면류관이 예비되었느니라"(딤후 4:8)

재림을 사모하는 사람은 복음을 "모든 자"에게 전해야 한다. 예수님은 다시 오신다. 그분은 복음이 전해진 모든 자리 위에 서실 것이다. 그때 주님이 내게 물으실 것이다.

"너는 누구를 데리고 왔느냐?"

나는 그 질문 앞에서 어떤 대답을 할 수 있을까. 주님의 은혜로 심은 작은 씨앗들을 고백하고 싶다. 복음을 전하는 삶. 그것이 바로 다시 오실 주님을 진짜 기다리는 삶이다.

그날을 기대하는 사람

예수님께서 다시 오신다는 약속은 종말에 대한 정보가 아니다. 그것은 살아 있는 진실이며, 매일의 삶을 움직이는 동력이다. '재림'이라는 단어가 결국 나에게 주는 메시지는 이것이다.

"예수님이 나를 다시 만나러 오신다."

이것이 핵심이다. 그분이 나를 포기하지 않으셨다는 증거이고, 내가 살아가는 오늘이 헛되지 않다는 확신이다.

사실 그날이 언제 올지는 아무도 모른다. 그래서 그날을 기대하는 사람은 말씀에 귀 기울인다. 그날을 기대하는 사람은 사랑을 포기하지 않는다. 그날을 기대하는 사람은 작은 일에도 충성한다. 그리고 그날을 기대하는 사람은 조용히 속삭인다.

"마라나타, 주여 오시옵소서."

예수님의 재림은 '공포의 시그널'이 아니다. 그것은 구원의 완성이다. 우리가 견딘 시간들, 흘린 눈물들, 버텨낸 믿음의 싸움들이 무의미하지 않음을 선언하는 날이다. 그날, 주님께서 우리의 눈물을 닦아 주실 것이다. 그날, 주님께서 우리 손에 면류관을 씌워 주실 것이다.

나는 이제 두려움 대신 설렘으로 그날을 바라본다. 그 설렘은 오늘을 더 정직하게, 더 단정하게 살게 한다. 예수님이 오늘 오셔도 괜찮을 만큼.

"주님, 그날까지 오늘도 말씀 따라 살겠습니다. 오늘도 누군가에게 복음을 심겠습니다. 그리고 주님, 속히 오소서. 마라나타, 주 예수여 오시옵소서."

묵상과 적용을 위한 제안

1. 예수님께서 "인자가 구름을 타고 능력과 큰 영광으로 오는 것을 보리라" 하신 말씀을 묵상하며, 지금 나는 어떤 마음과 삶의 자세로 그날을 준비하고 있는지 돌아보라.

2. 내 신앙의 오늘이 예수님의 재림과 얼마나 연결되어 있는지를 솔직하게 점검하고, 삶의 우선순위와 방향이 그분의 다시 오심을 향해 있는지를 성찰해 보라.

3. 오늘 하루, 누군가에게 예수님의 다시 오심을 말하지 않더라도, 그분을 기다리는 사람답게 사랑하고 섬기며 살아가는 구체적인 행동 하나를 선택해 보라.

에필로그: 다시, 예수를 생각하며 걷는다

글을 마무리하면서 조용히 되묻는다. 나는 지금 어떤 마음으로 이 길을 걸어가고 있는가? 예수님을 생각하는 삶이 내 안에서 어떤 열매를 맺고 있는가? 아주 오래된 찬송가 가사가 떠오른다.

"예수를 나의 구주 삼고, 성령과 피로써 거듭나니…"

"내 모든 삶 주 안에 있네."

그렇다. 내가 이 글을 쓰게 된 이유도 결국 이 고백 때문이다. 나의 모든 삶이 예수님 안에 있음을, 그분을 생각할 때 나는 진짜 살아 있음을 알게 되었기 때문이다.

이 책에 담긴 글들은 어떤 대단한 이론이나 특별한 경험에서 비롯된 것이 아니다. 오히려 나의 평범하고, 자주 흔들리고, 때론 눈물겹도록 부족했던 날들 속에서 예수님을 바라본 이야기이다. 그분의 사랑 앞에서 다시 울고, 다시 용기 내고, 다시 일어섰던 순간들의 이야기이다.

나는 완전하지 않다. 때때로 내 자존심에 무너지고, 남과의 비교에 흔들리고, 누군가에게 받은 상처에 지치고, 기도 자리에서는 침묵만 삼킬 때도 있다. 그럴 때마다 내 안에서 가장 선명하게 들리는 한 음성이 있다.

"나를 생각하라."

"내가 너를 사랑한 것 같이, 너도 사랑하라."

이 말씀이 내 마음을 사로잡을 때마다 조금씩 달라졌다. 누군가의 발을 씻어줄 수 있는 마음이 생기고, 끝까지 품고 싶다는 용기가 생기고, 비교나 평가에 나를 내어주지 않게 되었다.

예수님의 사랑을 매일 조금씩 더 닮아가는 삶. 그것이 내가 붙들고 싶은 단 하나의 방향이다.

지금까지 글을 읽으면서 당신의 마음에 조용히 떠오른 예수님의 얼굴이 있다면…. 그것으로 충분하다. 시작은 늘 작고, 아주 조용하다. 하지만 그 한 번의 생각, 그 한 번의 묵상이 우리를 다시 일으킨다. 사랑하고, 품고, 기다리고, 포기하지 않는 예수님을 생각하는 일은 묵상의 행위를 넘어 매일의 삶을 바꾸는 은혜의 시작이다.

사람들에게, 아니 우리 주님께 이런 사람으로 기억되면 좋겠다. 여전히 예수의 길을 걷는 사람으로. 다 안다고 말하지 않고, 다 이해한다고 설명하지 않으면서도, 예수님을 생각하는 그 마음만은 놓치지 않으려고 사람으로. 때론 실패할지라도 그 실패조차 품으시는 분이 계시다는 것을 믿기에 다시 예수의 길을 걷는 사람으로.

당신도 그랬으면 좋겠다. 완벽하지 않아도, 여전히 마음이 흔들려도, 그 모든 순간에 예수님을 떠올릴 수 있다면, 그것으로 충분하다.

오늘도 다시 고백한다.

"예수님, 오늘도 당신을 생각하며 걷겠습니다. 그리고, 그 생각으로 살아가겠습니다."